Tango
Zur Musik tanzen!

Tango
Zur Musik tanzen!

Tangomusik für Tänzer
ohne musikalische Ausbildung

Joaquín Amenábar

Amenabar, José Joaquín
Tango zur Musik tanzen! : Tangomusik für Tangotänzer ohne musikalische Ausbildung. - 1a ed. - Buenos Aires : el autor, 2009.
146 p. + 1 DVD : il. ; 21x17 cm.

ISBN 978-987-05-5573-5

1. Tango. I. Título
CDD 784.188 85

Fecha de catalogación: 03/12/2008

Von José Joaquín Amenábar veröffentlich
Adresse: Cabrera 4480 PB 7 – 1414
Buenos Aires – Argentina
Email: info@joaquinamenabar.com.ar
www.joaquinamenabar.com.ar

Erstveröffentlichung 2009

ISBN 978-987-05-5573-5
Design und Zeichnung auf dem vorderen Buchdeckel
und des DVD Covers: ....Ricardo Heredia

Photo auf der Rückseite des Buches: ......Alexis Jalife

In Deutschland gedruct

Anerkennung

Vielen Dank zu:

Francisco Alvero, Jill Barret, Andreas Benndorf, Sarah Bonnar, Werner Cassel, Thelma Coutts, Nathalie De Broglio, Fernando Diaz, Bob Dronski, Juan Elter, Paola Gallarato, Tim Girven, Mariana González Alberti, Ricardo Heredia, Alexis Jalife, Tamara Juhan, Antonio Larcher, Jürgen Lembcke, Kay MacDermot, Valeria Matsuda, Jean Oelrich, Paola Palaia, Julio Parajón, Oliver Quick, Beatrix Satzinger, Heinz Schulz-Wimmer, Federico Stafforini, Lothar Staudacher, Andrea Uchitel, Antoinette Wilson, Linde Winter, Michael Young.

Tänzer:
Fernando Díaz und Paola Gallarato
Kapitel 2, 3, 4, 5, 6, 7, 8, 9, 10, 11, 13, 14.

Michael Young und Beatrix Satzinger
Kapitel 12, 15, 17.

Inhalt

Vorwort

Dieses Buch wurde für Tänzer geschrieben, die keine musikalische Ausbildung haben. Ich denke, dass, so wie ein Musiker Tango in einem Orchester mit seinem Instrument spielt, wir, die Tänzer, den Tango mit unserem Instrument, nämlich unserem Körper, spielen können.

Vieles ist über diejenigen, die beim Tanzen die Musik nicht berücksichtigen, gesagt worden. In der Tat hat der Tango kein festes rhythmisches Muster, das sich während des ganzen Stücks unverändert wiederholt, wie es bei den meisten Tänzen der Fall ist. Beim Tango gibt es während des ganzen Stückes andauernd Änderungen, wo sich verschiedene Rhythmus-Typen abwechseln: Rhythmen mit einfachen, verdoppelten oder halben Schritten, Pausen verschiedener Länge, verschiedene Arten von Synkopen, unzählige verschiedene rhythmische Varianten der Melodie. Deshalb ist das Tanzen unter Berücksichtigung aller Eigenarten der Tangomusik alles andere als einfach.

Wenig wurde bis heute unternommen, um den Tänzern die Tangomusik zu erklären und wenn, dann führte die Benutzung der musikalischen Terminologie dazu, dass der Tänzer dadurch noch weiter von der Musik entfernt wurde, anstatt sie ihm näher zu bringen.

Ich denke, dass die meisten all jener, die „nicht auf die Musik hören", denen man die Elemente der Tangomusik, die man in Tango entdecken muss, auf einer leichten Art und mit einem „musikalischen Wortschatz für Tänzer" erklärt hat, diese Elemente viel besser hören und ihnen besser folgen können.

Das ist das Ziel dieses Buches: Das Aufzeigen der größtmöglichen Anzahl rhythmischer Fälle in der Tangomusik in einer einfachen Form, jeden dieser Fälle zu erklären und praktisch vorzuführen, ohne auf musikalische Fachterminologie zurückzugreifen, so dass der Tänzer mit Audio- und Videotracks Kapitel für Kapitel Anleitungen für die praktische Ausführung der verschiedenen Fälle im Einzelnen findet.

Mag sein, dass einige Lehrer und fortgeschrittene Tänzer diese Erklärungen zu einfach und kindisch finden. Ich leiste diese Arbeit nun seit zehn Jahren und bin mir sicher, dass diese Art, Informationen darzubieten, denjenigen, die überhaupt keine musikalische Vorbildung haben, hilft, selbst die schwierigsten rhythmischen Fälle zu verstehen. Ich denke auch, dass selbst Lehrer, die es gewohnt sind, Schritte und Figuren zu lehren, wenn es zum Erklären der Tangomusik in eine Gruppe von 30 bis 40 Schülern kommt, vor einer völlig anderen Aufgabe stehen, und diese Art, Informationen mit den Übungen und so weiter zu vermitteln, hilfreich finden werden.

Die Tangos, die ich als musikalische Beispiele gewählt habe, sind nicht unbedingt meine Lieblingsstücke, auch sind einige Aufnahmen sehr alt und die Qualität ist nicht die beste, und trotzdem habe ich sie aus didaktischen Gründen gewählt, weil sie die besten und klarsten Beispiele für das, was verstanden werden soll, sind. Die in den Übungen benutzte Musik ist nur ein Teil des Tangos, der die zu studierenden rhythmische Beispiele beinhaltet. Diese Stücke sind deshalb so kurz gehalten, damit die rhythmische Beispiele mit geringem Zeitaufwand mehrfach wiederholt und geübt werden können.

Im Ordner "MP3" auf der beigefügten DVD befinden sich alle Tangos vollständig und kopierbar. Der Titel eines jeden Tangos enthält auch einen Hinweis auf das Kapitel, auf den er sich bezieht, zum Beispiel: „Chap 5-7-16-La Maleva" ist der vollständige Tango, der teilweise in den Übungen der Kapitel 5, 7, und 16 abgespielt wird.

Das System, Musik für Tänzer zu schreiben, das ich in diesem Buch darstelle, ist als intellektuelles Eigentum registriert worden und dessen Anwendung, teilweise oder im ganzen, in Publikationen, DVD oder Internet verboten. Jedoch dürfen die Lehrer sie in ihren Lehrgängen mit den Schülern benutzen. Das Schreibsystem für Musikrhythmus für Tänzer ist breit im Kapitel 15- Choreografische Planung ausgehend von der Musik, erklärt. Wir benutzen das System, verschiedene Rhythmen darzustellen, vom Anfang des Buches an, so dass sie entweder sofort zu Kapitel 15 gehen können und dort alles, was in Bezug auf das Schreibsystem der Musik für Tänzer gesagt wird, finden, oder sie bearbeiten Kapitel für Kapitel und lernen das System schrittweise, denn teilweise benutzen wir es am Anfang, angepasst an jeden rhythmischen Fall.

Da es bereits andere Systeme der Taktzählung und der Darstellung von

Betonungen für Tangomusik gibt, ist im Kapitel 15 auch eine Erklärung und ein Diagramm der verschiedenen Systeme und deren Vergleich untereinander aufgeführt, und man kann die Grafiken in das System, das man selbst kennt, umwandeln.

Absichten dieser Methode

A: **Das Erlangen eines umfassenden Verständnisses der Tangomusik für Tänzer, die keine technisch-musikalischen Kenntnisse haben**, die weder etwas über musikalische Notation wissen, noch über Symbole und Notenwerte. Das trifft auf die große Mehrheit der Tänzer zu, die diese Kurse gemacht haben. Darüber hinaus ein Verständnis der Tangomusik mit all ihrem Reichtum und all ihren Eigentümlichkeiten mittels einfacher Erläuterungen und vieler Hörbeispiele, ausgearbeitet und stufenweise geordnet nach den verschiedenen rhythmischen Fällen, die wir in der Tangomusik vorfinden. Viele der Ausdrücke, die wir verwenden werden, könnten von Musikgelehrten hinterfragt werden, aber die jahrelange Unterrichtspraxis hat mir ihre Effizienz gezeigt. Zum Beispiel benutze ich den Ausdruck "Verdoppelter Schritt", wenn man einen Schritt mehr macht als im "einfachen Schritt". Wenn ich wie ein Musiker an die Notenwerte denke, die dieser Takt repräsentiert, dauern diese nur halb so lang, aber der Tänzer hat die doppelte Anzahl von Schritten gemacht, weshalb diese Bezeichnung, im Gegensatz zur technisch-musikalischen, für ihn verständlicher ist. Das Gleiche gilt für den "halben Schritt", in welchem die musikalische Figur, die er repräsentiert, doppelt so lange dauern würde, aber der Tänzer macht die Hälfte der Schritte, die er normalerweise macht, so dass er es besser mit dem Ausdruck "halber Schritt" versteht.

Ich verstehe, dass der Name „halber Schritt“ komisch klingen kann, weil es scheint, dass wir in der Mitte des Schrittes in der Luft stehen bleiben, aber es ist klar, dass das nicht der Sinn ist, den wir ihm hier geben möchten: Wir benutzten den Namen nur gegen das Konzept: wenn wir einen Schritt mehr als einen einfachen Schritt machen, nennen wir ihn „verdoppelt“ , wenn wir einen weniger als den einfachen Schritt machen, nennen wir ihn „halb“.

B: **Die Verbesserung der Verbindung und Übereinstimmung zwischen der Musik und den Bewegungen, die der Tänzer realisiert.** Es soll erreicht werden, dass der Tänzer sich zu den musikalischen Elementen bewegt, die er hört, und dass seine Bewegungen eine Folge dessen sind, was er hört. Verändern wir das Konzept der Rollen im Paar ein wenig, um deutlich zu machen, worum es uns geht:

Führender <---> Begleitender,

wird zu:

Rhythmischer Führender (die Musik)<---------->Begleitender (das Paar)

Innerhalb des Paares wird der Führende (sei es der Mann oder die Frau, das hängt vom Fall ab) wählen, mit welcher Figur er dem Rhythmus folgt, den die Musik anbietet, aber wer über das Tempo der Bewegung entscheidet, ist die Musik.

C: **Den eigenen Körper und den unseres Begleiters wie ein Musikinstrument, das die Musik wie die Instrumente eines Orchesters "interpretiert", nutzen können** , um so die enorme Möglichkeit der musikalischen Improvisation zu genießen, die uns der Tangotanz erlaubt.

D: **Das Hinausgehen über das bloße Verständnis des Basisrhythmus:** Dem Tänzer die verschiedenen rhythmischen Strukturen bekannt machen - einfache, verdoppelte, halbe Schritte, Synkopen, die 3-3-2er-Synkope, Offbeat, die verschiedenen Fälle des melodischen Rhythmus' usw. - sowie auch den Tango als musikalische Form, seine Struktur, das System der Phrasen und seinen Einfluss auf den wechselnden Charakter des Rhythmus', die es ihm erlauben, den Moment der rhythmischen Wechsel vorwegzunehmen. Mit diesem Verständnis wird der Tänzer diejenigen Bewegungen auswählen, die all diese musikalischen Elemente am besten in seiner Improvisation repräsentieren, um eine größere Übereinstimmung zwischen Bewegung und Musik zu schaffen, sowie auch im Falle der Choreographie-Planung eine Choreographie zu erzielen, die seine ästhetischen Vorstellungen ausdrückt, aber in einer genauen Zusammenstellung aller Einzelheiten der Musik, die interpretiert wird.

E: **Das Erlangen der bestmöglichen Kommunikation im Tanzpaar in Bezug auf die Art, wie man auf den Vorschlag der Musik antwortet, den man hört** Wenn unsere Bewegungen das abbilden, was die Musik vorgibt, sind sie für unseren Begleiter nicht willkürlich, sondern ganz logisch. Es gibt nichts Besseres im Tangotanz als diesen Moment, in dem einer der beiden genau diejenige Bewegung realisiert, die die Musik vorschlägt, im gleichen Augenblick, in dem der andere Partner exakt diesen Typ der rhythmischen Bewegung erwartet, weil er das Gleiche gehört hat. Auf der anderen Seite gibt es nichts Unangenehmeres, als wenn wir etwas hören und in Bewegung umsetzen wollen, und der andere Partner ignoriert dieses musikalische Element total, und mehr noch, wenn wir gezwungen sind, etwas ganz anderes zu machen, was nichts mit ihm zu tun hat.

F: **Ein Arbeitswerkzeug für das das selbständige Training des Tänzers:** Mit einem musikalischen Material, ausgewählt und geordnet nach den rhythmischen und melodischen Strukturen, die Sie lernen wollen, einem geschriebenen Leitfaden, der die Arbeitsweise Schritt für Schritt beschreibt, mit Videos und einer großen Anzahl von Audiotracks gibt die vorliegende Methode dem Tänzer ein Arbeitswerkzeug an die Hand, das es ihm erlaubt, die Beispiele zu üben und sein musikalisches Verständnis mit der Zeit zu verbessern, ohne notwendigerweise ein fortgeschrittener Tänzer zu sein. Wie man die ganze Methode hindurch sehen wird, können Sie alle Übungen der verschiedenen Kapitel, auch die komplizierteren, mit sehr einfachen Schritten machen. Auf diese Weise wird der Tänzer seine technische Entwicklung mit einer musikalischen Entwicklung begleiten können; mit dieser Methode praktiziert er sie parallel von Beginn seiner Erfahrungen mit dem Tangotanz an.

G: **Ein Arbeitswerkzeug für die Tangolehrer:** Wenn der Lehrer diese Methode benutzt, wird er die Unterrichtung eines Schrittes oder eines technischen Elements mit dem Musiktyp kombinieren können, auf dem dieser Schritt zutrifft oder besser passt, und auf diese Weise baut er von Anfang an die entsprechende Beziehung zwischen dem Rhythmusmodell und dem Bewegungstyp im Bewusstsein des Tänzers auf.

Der Lehrer wird außerdem die verschiedenen Typen der Musik nach jedem rhythmischen Fall in Kapiteln geordnet vorfinden, und er kann einer spezifischen Unterrichtsmethode folgen, um alles zu unterrichten, was mit Tangomusik zu tun hat.

Es wird ihm dann möglich sein, den Tänzer in diesen zwei Aspekten, dem musikalischen und dem technisch-choreographischen, gleichzeitig zu formen, vom Beginn seiner Ausbildung an.

Teile und Charakteristika der Methode:

Die Methode besteht aus:

- Einem gedruckten Buch, in dem alle Themen erklärt werden und die Arbeit mit den Audio- und Videoaufnahmen Kapitel für Kapitel angeleitet wird.

• Einer DVD mit Audio- und Videoaufnahmen, die nach Kapiteln geordnet sind. Um mit der DVD zu arbeiten, benötigt man einen DVD-Spieler oder einen Computer mit DVD-Laufwerk. Auf der DVD es gibt einen Ordner mit dem Namen „MP3“ , in dem sich die kompletten Stücke aller benutzten Beispiele befinden. Sie können sie von Ihrem Computer herunterladen.

Die Kapitel des Buches

Kapitel 1: Rhythmus

Was ist ein Rhythmus? Wie ist der Rhythmus des Tangos? Worin unterscheidet er sich von anderen Tänzen? Dieses ist ein sehr wichtiges Kapitel bezogen auf das "Konzeptuelle". Es empfiehlt sich, es aufmerksam zu lesen und auch mehr als einmal, wenn nötig, da ausgehend vom "Niveau Null", in ihm erklärt wird, was ein Rhythmus ist, wie Rhythmen in den Tänzen verwendet werden, die wesentlichen Charakteristika des Tangos als Musik und sein Unterschied zu den anderen Tänzen, speziell bezüglich des Themas "melodischer Rhythmus". Dieses Kapitel enthält die wichtigsten Konzepte über den Tango als Musikgattung, deshalb ist es wichtig, es verstanden zu haben, bevor man fortfährt.

Kapitel 2: Einfacher Schritt

Definition und Praxis des einfachen Schrittes an Beispielen mit Audio- und Videoaufnahmen.

Kapitel 3: Doppelschritt oder Verdoppelung

Definition und Praxis des Doppelschrittes an Beispielen mit Audio- und Videoaufnahmen.

Kapitel 4: Halbe Schritte

Definition und Praxis des halben Schrittes an Beispielen mit Audio- und Videoaufnahmen.

Kapitel 5: Der melodische Rhythmus im Tango

Konzept der Phrasen, Melodien, melodischen Akzente und des melodischen Rhythmus. Wenn auch der Tango ein Tanz ist, der eigentümlicherweise kein festes rhythmisches Muster aufweist, so hängt von der Melodie die Organisation des musikalischen Diskurses in Phrasen ab. Die Rhythmuswechsel müssen im Zusammenhang mit dem System der Phrasen gesehen werden, weshalb es von grundsätzlicher Bedeutung ist, diese Prinzipien der Melodie zu verstehen. Auch sind sie ein notwendiger Schritt, um die Form des Tangos und seiner Teile zu verstehen, die im 9. Kapitel "Form und Struktur des Tangos" analysiert werden

Kapitel 6: Die freie Melodie ohne rhythmische Basis
Definition und Praxis an Beispielen, in denen das einzige rhythmische Element des Tangos die Melodie ist.

Kapitel 7: Die Melodie über einer rhythmischen Basis
Definition und Praxis an Beispielen mit zwei oder mehr rhythmischen Elementen.

Kapitel 8: Dialog zwischen den Melodien
melodische Wechsel, mögliche Aufhebung der Rollen im Paar. Definition und Praxis.

Kapitel 9: Form und Struktur des Tangos
Der Tango als musikalische Form hat verschiedene Teile, die untereinander verschiedene Bezüge zwischen der Wiederholung, den Tonartwechseln usw. aufweisen und die die größte Bedeutung im Systems der Organisation der melodischen Phrasen haben. In diesem Kapitel wird all das mit Bezug auf dieses Thema analysiert und das der Form und der Struktur des Tangos folgende Tanzen praktiziert.

Kapitel 10: Synkopen
Definition und Praxis zur Synkope mit Audio- und Videoaufnahmen.

Kapitel 11: Der 3-3-2er-Rhythmus
Definition und Praxis zur 3-3-2- Synkope mit Audio- und Videoaufnahmen.

Kapitel 12: Der "Off-beat" im Tango
Definition und Praxis zum Off-beat mit Audio- und Videoaufnahmen.

Kapitel 13: Die Milonga
das feste Rhythmus-Muster in der Milonga. Einfache Zeit und doppelte Zeit.

Der "Traspié" und seine verschiedenen Stellungen. Praxis mit Audio- und Videoaufnahmen.

Kapitel 14: Der Vals criollo oder Tango-Walzer
Charakteristika , Vergleich mit dem Wiener Walzer. Einfache und verdoppelte Schritte im Walzer.

Kapitel 15: Choreographische Planung ausgehend von der Musik
Als Ausgangspunkt für eine Choreographie nehmen wir die Form und Struktur des Tangos und wählen Stück für Stück, Phrase für Phrase die Figuren in Abhängigkeit vom Rhythmus aus, den es in jeder musikalischen Phrase gibt. So erhalten wir durch die Bewegungen und Schritte des Tanzes eine genaue Repräsentation dessen, was in der Musik erklingt. Es erlaubt auch das Auswendiglernen einer Choreographie, ohne dass man die Musik viele Male wiederholen muss und erleichtert den Prozess des Erinnerns der Figuren.

Kapitel 16: Unterrichtung der Tangomusik für Tänzer ohne musikalische Ausbildung
In diesem Kapitel werden verschiedene Aspekte bezüglich der Unterrichtung der Tangomusik abgehandelt. Seine Bedeutsamkeit beruht darauf, dass es, ungeachtet dessen, dass man sich auf die Musik und die Ausführung jedes einzelnen musikalischen Falles verlässt, ohne eine korrekte methodische Vorgehensweise, gestützt auf die Hörwahrnehmung, sehr schwer ist, für jede Schülergruppe das Ziel jedes Kapitels zu erreichen, deshalb ist den Lehrern zu empfehlen, dieses Kapitel aufmerksam zu lesen und ihm Schritt für Schritt wie angegeben zu folgen bezüglich der Vorgehensweise bei der Unterrichtung eines jeden Themas.

Kapitel 17: Unterrichtung eines Schrittes oder einer Figur ausgehend von der Musik
Der Vermittlungsprozess eines Schrittes, der die Verbindung zwischen der Figur und der Musik von Anfang an herstellt.

Wie man mit der Methode arbeitet

In jedem Arbeitskapitel werden Sie finden:

A: eine Erklärung über das Thema des Kapitels.

B: eine Erklärung darüber, wie Schritt für Schritt bei der Realisation der Übung zu verfahren ist, wobei es sehr wichtig ist, sich genau daran zu halten, um sie ohne Schwierigkeiten realisieren zu können.

C: Audiotracks mit dem Musikbeispiel, mit dem wir arbeiten (- Jeder Track ist wie folgt nummeriert: "Audio 3-4 bedeutet der 3. Audiotrack des 4. Kapitels, Video 2-4 ist das 2. Video des Kapitels 4.

D: Audiotracks mit dem gleichen Beispiel, aber mit rhythmischer Unterstützung, in denen Klangstäbe während der musikalischen Ausführung die genaue Lage der Schritte oder des rhythmischen Elementes, das wir hervorheben wollen, markieren, gemäß dem behandelten Fall jedes Kapitels. Wenn man zum Beispiel den einfachen Schritt übt, hört man einen Tango oder einen Teil eines Tangos, in welchem der einfache Schritt die beste rhythmische Option ist und man hört außerdem die Klangstäbe, die die erste und dritte Zählzeit markieren, also die Stellen des einfachen Schrittes. Die Schläge der Klangstäbe werden den Tänzer dabei leiten, wo er seine Schritte in Hinsicht auf das Musikbeispiel setzt.

E: in den Fällen, wo man verschiedene Melodien unterscheiden muss: Audiotracks mit den isolierten Instrumenten, die jeweils ihre eigenen Teile spielen, um die Unterscheidung zu ermöglichen und leichter zu machen.

F: Audiotracks mit den gleichen Beispielen, aber ohne rhythmische Unterstützung, das ist: das perkussive Signal ist unterdrückt, damit der Tänzer die Akzente und die Schritte von sich aus ohne jede Hilfe setzen kann.

G: Videotracks, in denen ein Paar die Beispiele der verschiedenen rhythmischen Fälle, die im Beispiel abverlangt werden, realisiert, damit der Tänzer einen visuellen Eindruck davon bekommt, was er mit jedem musikalischen Beispiel zu tun hat.

H: Audiotracks mit Tangos, Milongas und Tango-Walzer, die das bestimmte Thema jedes Kapitels zum Weiterüben des gelernten Rhythmusmodells an verschiedenen Tangos enthalten.

Die Idee dieser Methode ist nicht, einen theoretischen Vortrag über Tangomusik zu geben, sondern ein praktisches Arbeits- und Trainingsinstrument zu sein. Trotzdem habe ich aber - sehr zusammenfassend und in einer Alltagssprache und nicht technisch-musikalisch - einige Themen abgehandelt, die ich als notwendig und unersetzlich erachte, um zu wissen, wie man die Themen bearbeiten kann und um die praktische Arbeit ohne Probleme ausführen zu können. Deshalb empfiehlt es sich, wie folgt mit diesem Buch zu arbeiten:

A: Respektieren Sie die Anordnung der Kapitel, die mit großer Sorgfalt gewählt wurde, um ein schrittweises und geordnetes Lernen zu gewährleisten.

B: Lesen Sie gut die Erklärungen jedes Themas, bevor Sie mit dem praktischen Teil beginnen. Wenn man eine Erklärung nicht beim ersten Lesen versteht, liest man sie mehrere Male von neuem und überspringt nichts, um direkt zur Praxis zu gehen.

C: In jedem Kapitel wird ein bestimmtes Thema behandelt. Hören Sie sich die Audioaufnahmen mit Aufmerksamkeit an und beschränken Sie sich darauf, nur auf das zu achten, was im Kapitel zu diesem Punkt vorgeschlagen wird: gehen Sie nicht über das hinaus, was im Kapitel behandelt wird, denn gleichwohl es mehrere Elemente in der Musik gibt, werden sie sicherlich Thema eines anderen Kapitels weiter vorn sein; es würde die Arbeit unnötig kompliziert machen, wenn Sie alles auf einmal verstehen wollen: zum Beispiel, wenn gefordert ist, die Stellen der vier Zählzeiten des Basisrhythmus zu finden, und im Hintergrund gibt es eine Melodie, die etwas anderes macht, beschränken Sie sich darauf, die vier Zeiten heraus zu hören, weil es später ein Kapitel geben wird, das speziell die Melodie zum Thema hat.

D: In jedem Kapitel werden Sie Hinweise für die erforderlichen Arbeitsschritte finden, wie die verschiedenen Audioaufnahmen zu benutzen sind, wie in der Übung für das auditive Erkennen fortzufahren ist und später in der Ausführung der Beispiele mit dem Tanz oder dem Gehen.

Machen Sie die Übungen, mit der Musik zu gehen oder zu tanzen nach der Empfehlung in jedem Schritt des Prozesses.

Falls es Ihnen nicht sofort gelingt, wiederholen Sie den Prozess von neuem mehrere Male, bis Sie es können, das ist: Fangen Sie wieder beim ersten Hinweis des Kapitels an und folgen Sie den Schritten so viele Male, die nötig sind, auch wenn Sie sie schon gemacht haben, bis Sie die Übung gut beherrschen.

E: Wichtig: Wenn Sie die Musik hören und die Zeiten oder Akzente berechnen, gehen oder tanzen sie nicht! Zählen Sie am Platz, ohne sich zu bewegen. Und umgekehrt, wenn sie tanzen, zählen sie nicht!. Singen Sie einfach die Melodie ohne Intonation und bewegen Sie sich, damit der Körper der Melodie folgt, die Sie nach dem Gehör singen! Das ist äußerst wichtig, und das Fehlen der Klarheit - das Faktum, das diese zwei Aktivitäten widersprüchlich sind und in zwei verschiedenen Teilen des Gehirns auftreten – lässt viele Leute glauben, dass sie keine musikalische Begabung haben, und ist eines der pädagogischen Haupthindernisse im Musikunterricht für Tänzer.

F: Beim Markieren der Akzente werden Sie zum Schlagen auf Ihre Hüfte aufgefordert und nicht mit Ihren Händen, weil das Klatschen mit den Händen zu viel Lärm macht und sie die Musik nicht mehr klar hören würden. Beim Schlagen auf die Hüfte spüren sie die Akzente in Ihrem Körper, ohne Lärm zu machen.

G: In vielen Fällen werden Sie aufgefordert, die Melodie oder den Rhythmus zur Musik zu singen. Es gibt gute Gründe, das während des Übens zu tun und wird Ihnen sehr dabei helfen, das Ziel der Übung zu erreichen. Also, es macht keinen Unterschied, wenn Sie die Melodie sprechen oder singen, weil wie in diesem Fall nur mit dem rhythmischen Element der Melodie arbeiten, nicht mit der Intonation. Um zu verstehen, was es bedeutet, „die Melodie zu sprechen", gehen sie zu Kapitel 16 „Unterrichtung der Tangomusik für Tänzer ohne musikalische Ausbildung", dort finden Sie unter Punkt 4-2 Audio 1-16, wo Sie eine Stimme hören können, die die Melodie spricht.

H: Zu guter Letzt: Die meisten Musikbeispiele sind sehr kurz, weil sie Ausschnitte der Tangos benutzen, die den jeweils behandelten rhythmischen Fall beinhalten. Wenn Sie es nur einmal gehört haben und im Buch weitergehen, haben sie das Beispiel möglicherweise verstanden, aber Sie werden damit noch nicht in der Lage sein, es anzuwenden, wenn Sie den ganzen Tango tanzen. Ich empfehle Ihnen daher, die Beispiele mehrere Male zu hören und die Übungen – gehend oder hüfteschlagend – immer wieder zu machen. Zu verstehen ist nicht genug: Sie müssen es üben!

Kapitel 1: Rhythmus

Was ist ein Rhythmus? Was ist der Rhythmus eines Tanzes? Wie ist der Rhythmus des Tangos beschaffen? Wie unterscheidet er sich vom Rhythmus anderer Tänze?

Diese Frage erscheint sehr elementar, wir sind jedoch überrascht zu sehen, wie viel Sprachverwirrung in Bezug darauf unter den Tänzern herrscht.

🎧 Hören Sie Audio 1-1. Ist das ein Rhythmus?

Bevor Sie mit Ja oder Nein antworten, hören Sie das nächste Beispiel.

🎧 Hören Sie Audio 2-1.

Was ist der Unterschied zwischen den beiden Tonbeispielen ?

Audio 1-1 demonstriert eine Abfolge von Schlägen, die untereinander völlig gleich und ununterscheidbar sind, mit der Folge, dass wir sie nicht "zählen" können.

Die Tonfolge im Audio 2-1 besitzt einen Akzent, der sich nach einer bestimmten Anzahl von Schlägen in gleicher Weise wiederholt. Audio 2-1 besitzt drei Schläge: es ist ein Rhythmus mit drei Zählzeiten.

🎧 Hören wir erneut Audio 2-1. Dies ist in der Tat ein Rhythmus, denn es besitzt einen Akzent, der periodisch und regelmäßig auftaucht, alle drei Schläge. Wie finden wir heraus, dass es immer drei Schläge sind? Wir können zählen, da wir einen Akzent finden, an dem die Zählung startet.

🎧 Üben Sie die Bestimmung eines Rhythmus, indem Sie sich Audio 3-1 und Audio 4-1 anhören, welche Rhythmen zwei beziehungsweise vier Zählzeiten enthalten.

🎧 Hören Sie Audio 5-1. Eine Orchester spielt einen Tango. Finden Sie den starken Akzent heraus und zählen Sie von da aus, wie viele Zählzeiten der Rhythmus des Tangos hat.

🎧 Hören Sie Audio 6-1 mit der gleichen Aufnahme wie in Audio 5-1, aber diesmal mit Klangstäben, die den Hauptakzent markieren, falls Sie ihn nicht allein herausgehört haben.

Wenn Sie ab diesem Akzent zählen, wie viele Zeiten der Rhythmus hat, werden Sie sehen, dass der Tango-Rhythmus ein Rhythmus mit vier Zählzeiten ist.

Nachdem wir nun wissen, was ein Rhythmus ist, analysieren wir den Rhythmus eines Tanzes.

Was ist der Rhythmus eines Tanzes? Nicht jede Musik ist ein Tanz. Nun, wenn wir von einem Tanz sprechen, finden wir üblicherweise, dass der gesamte Rhythmus des Tanzes aus zwei rhythmischen Elementen besteht:

1: Die grundlegende Zählweise, die einen Rhythmus von 2, 3, 4, 5, 6 usw. Zählzeiten vorgibt.
2: Ein festgelegtes rhythmisches Muster, welches auf dieser Zählweise aufbaut, indem es jede dieser Zählzeiten auf besonderer Weise behandelt. Die Zählzeiten können mit einem Akzent versehen werden, unterteilt werden, als Pause gesetzt werden usw. Und dieses rhythmische Muster ist die Vorlage, die sich unverändert während des gesamten Tanzes wiederholt. Dies erlaubt uns, den spezifischen Tanz zu identifizieren.

Um dies praktisch nachzuvollziehen, analysieren wir das rhythmische Muster der Milonga:

Wir finden wie in allen Tänzern die beiden Elemente:

1: ein Zählen, das im Falle der Milonga zwei Zählzeiten aufweist

2: ein festgelegtes rhythmisches Muster, welches sich wie folgt aufbaut: die erste Zählzeit wird in zwei ungleiche, die zweite Zählzeit in zwei gleichartige Teile zerlegt. Wenn jede Zählzeit durch eine Ein-Euro-Münze symbolisiert wäre, so würden wir den ersten Euro in 75 und 25 Cent zerlegen, den zweiten Euro in zwei Münzen von 50 Cent und erhielten so das folgende feste rhythmische Muster:

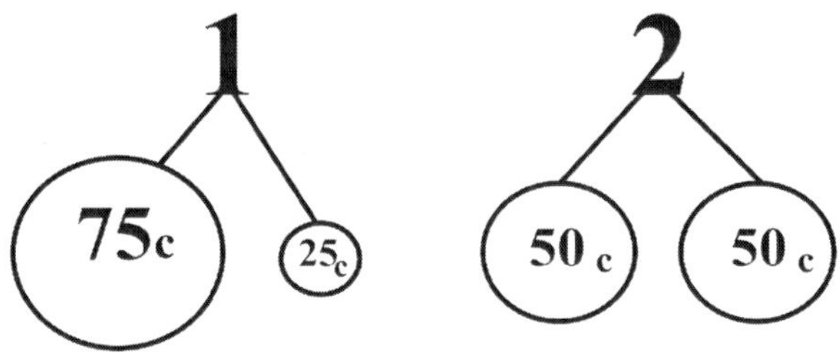

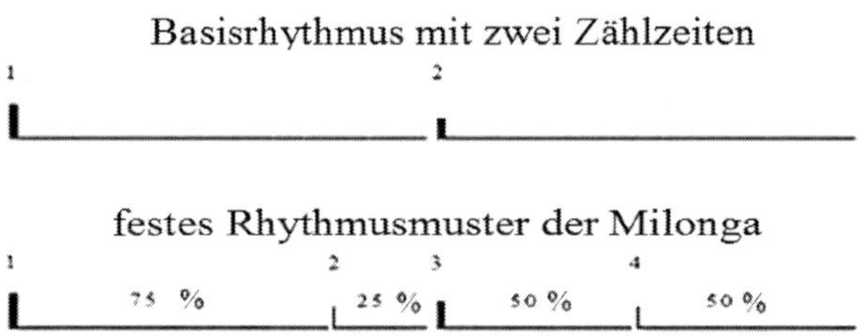

Hören Sie Audio 7-1 , um zu erfahren, wie der oben beschriebene Rhythmus klingt. Sie werden Klangstäbe hören, die die beiden Zählzeiten des Grundrhythmus markieren, dann andere Klangstäbe, die gleichzeitig die Unterteilung des festen Rhythmus-Musters der Milonga markieren und danach Milonga-Musik mit dem im Diagramm dargestellten Rhythmus-Muster.

Dieses rhythmische Muster wird sich praktisch über die ganze Länge der Milonga wiederholen und ist das bestimmende Element dieses Tanzes. Wenn wir diesen Rhythmus hören, wissen wir unmittelbar, dass es eine Milonga ist. Und wir müssen keine Melodien hören, um sie als solche wiederzuerkennen, es genügt das rhythmische Muster. Wenn wir zum Unterschied einen Takt mit zwei Zählzeiten hören, so finden wir keinen Anhaltspunkt dafür, dass es eine Milonga sei, denn es existiert eine Unzahl von Musik mit zwei Zählzeiten. Das festgelegte rhythmische Muster ist es also, welches es gestattet, einen Tanz als solchen zu identifizieren.

Der Tango unterscheidet sich komplett davon! Weshalb?

In der zweiten Hälfte des 19. Jahrhunderts erreicht ein großer Zustrom von Einwanderern Argentinien, vorwiegend italienischer Herkunft - überwiegend aus Neapel und Süditalien -, aber auch aus Spanien und aus Deutschland. Die reichhaltigen Melodien der neapolitanischen Canzonetten, die Opern von Verdi, Puccini, Bellini, usw., spanische Rondos und Lieder von Schubert, Schumann, Wolf, usw. erreichen den Rio de la Plata. Mit ihnen kommen die Musiker aus diesen Ländern, die als Musiklehrer viele junge Komponisten des argentinischen Tango beeinflussen.

Die Milonga, die schon früher in Argentinien existierte, war ursprünglich eine Liedform, deren Schwerpunkt auf den gesungenen Versen lag, wobei die Melodie sehr einfach gehalten war und lediglich als Vorlage diente, um die Poesie im Gesang darzubieten. Der Rhythmus der Milonga war jenes rhythmische Muster, welches wir schon oben bei der Erklärung des rhythmischen Musters allgemein erwähnt haben.

Jene neuen, reichhaltigen Melodien, die aus Europa kamen, benutzten zu Beginn jenen Rhythmus der Milonga, jedoch ohne gereimten Text - und erschufen so den Tango.

Es entstand so eine neue musikalische Form, der Tango, mit reichhaltigen Melodien, jedoch ohne Text, und welcher mit dem Rhythmus der Milonga gespielt wurde.

Nun denn, der Reichtum und die rhythmischen Bewegungen dieser neuen Melodien traten in Widerspruch zu dem rhythmischen, festgelegten Muster der Milonga, welches forderte - wie oben schon dargelegt - in immer gleicher Wiederholung über das gesamte Stück gespielt zu werden. Das rhythmische Muster der Milonga veränderte den Charakter jener Melodien.

Nach einem Zeitraum von 35 bis 40 Jahren unterlag der Tango einer großen Modifikationen, die uns den modernen Tango brachte, den wir heute tanzen. Jene Veränderung fand ungefähr in der Epoche zwischen 1910 bis 1920 statt.

Worin besteht der Wandel ?

Das festgelegte, rhythmische Muster der Milonga wurde verlassen, und zurück blieb eine neue rhythmische Struktur mit folgenden Elementen:

A: ein Zählen mit 4 Zählzeiten
B: eine melodische Phrase mit ihrer eigenen rhythmischen Betonung.

Jede Phrase besitzt ihre eigene Betonung, angepasst an die Melodie. Aus diesem Grund ist der Tangorhythmus kein festes Rhythmusmuster mehr.

Dies ist der wirkliche Wandel zwischen dem originalen und dem modernen Tango, der etwa um 1915 erscheint und nach dem wir tanzen. Es ist nicht der Wechsel beim Notieren im 2/4-, 4/8- oder 4/4-Takt, wie man oft hört. Man kann beide Tangos, den ursprünglichen um das Jahr 1860 im Milongarhythmus, und den modernen, der zwischen 1915 und 1920 erscheint, mit jedem der drei Schreibweisen notieren. Der Unterschied ist ein anderer: entweder handelt es sich um Musik mit einem festen Rhythmus, oder es ist Musik ohne diesen festen Rhythmus, wo die Melodie den Rhythmus bestimmt. Diese letzte Struktur ist es, die der moderne Tango übernommen hat. Es ist ein Element, das er aus der klassischen Musik vom Anfang des 20.Jahrhunderts übernommen hat, denn die klassische Musik funktioniert im Allgemeinen so, ohne festen Rhythmus.

Also, wir sprechen von "Melodie", "melodischer Phrase" und "Betonungen in der Melodie" und haben noch nicht erklärt, was wir darunter verstehen. Alle diese Konzepte werden in Kapitel 5: Der Melodische Rhythmus im Tango analysiert, aber vorher arbeiten wir mit den basisrhythmischen Einheiten, das sind der einfache, halbe und verdoppelte Schritt, um später diese Konzepte auf den melodischen Rhythmus anzuwenden.

Kapitel 2: Einfacher Schritt

Hören Sie Audio 1-2. Sie können zwei unterschiedliche Elemente hören:

A: Die Melodie
B: die rhythmische Begleitung

Hören Sie Audio 2-2, um die Meldoie zu erkennen.
Hören Sie Audio 3-2, um die Begleitung zu erkennen, die die vier Zählzeiten markiert.

In der folgenden Übung werden wir uns mit der Begleitung beschäftigen.

Hören Sie erneut Audio 1-2 und finden Sie heraus, wo der Akzent in der Begleitung ist. Zählen Sie von dort aus, wie viele Schläge es bis zum nächsten starken Akzent sind. Sie werden feststellen, dass der Tango einen 4er-Rhythmus besitzt. Wenn sie aufmerksam hören, bemerken Sie, dass es einen starken Akzent auf der ersten Zählzeit und einen etwas leichteren Akzent auf der dritten Zählzeit gibt.

Dieser Schritt, der mit diesen zwei Zählzeiten zusammentrifft, nennen wir einen einfachen Schritt, das ist der Schritt auf der erste und dritte Zählzeit, genau an den Stellen, wo auch die Akzente sind.

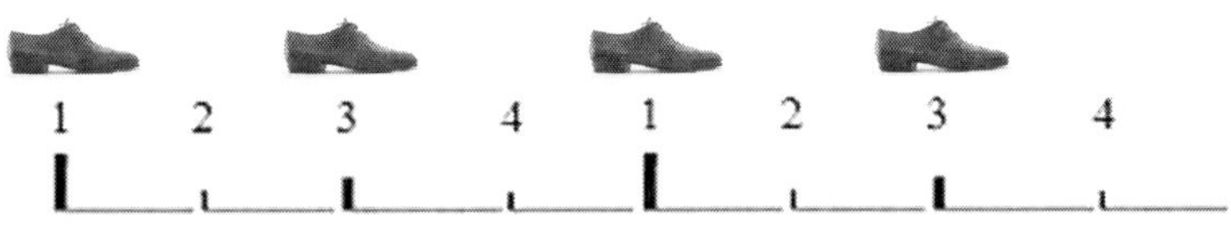

Übungen:

🎧 Übung 1: Hören Sie Audio 4-2 , wo Klangstäbe die erste und dritte Zählzeiten markieren, um Ihnen zu helfen, die Position der einfachen Schritte zu finden. Hören Sie ihn sich viele Male an, ohne zu gehen, bis Sie sicher erkennen können, wo die erste und dritte Zeit, also die Betonungen sind.

🎧 Übung 2: Immer mit Audio 4-2 gehen Sie jetzt die Schritte gleichzeitig mit den Klangstäben auf der ersten und dritten Zeit und fühlen Sie, wie Ihre Schritte mit den Betonungen übereinstimmen.

🎧 Übung 3: Wenn sie es mehrere Male gemacht haben, gehen Sie zurück zu Audio 1-2 mit dem gleichem Beispiel, aber jetzt ohne Klangstäbe. Gehen Sie einfache Schritte auf der ersten und dritten Zählzeit ohne die Hilfe der Klangstäbe. Wenn Sie es zu schwierig finden, können Sie zu Audio 4-2 zurückgehen.

👁 Übung 4: Sehen Sie sich das Video 1-2 an, um sicherzugehen, dass Sie die Übung richtig machen. Dort führt Ihnen ein Tanzpaar die einfachen Schritte vor, zuerst gehen sie, danach tanzen sie.

Wenn Sie an den folgenden Tagen üben, fangen Sie immer mit Audio 4-2 mit Hilfe der Klangstäbe an, bevor Sie zu Audio 1-2 gehen.

Nachdem Sie mehrere Male diesen Prozess wiederholt haben und sicher die erste und dritte Zählzeit erkennen können, können Sie die einfachen Schritte weiter anhand der Beispiele von Audio 5-2 und Audio 6-2 üben. Die Beispiele sind zuerst mit Klangstäben und danach ohne Klangstäbe gespielt.

Kapitel 3: Doppelschritt oder Verdoppelung

Der verdoppelte Schritt oder die Verdoppelung ist das Resultat der Hinzufügung eines zusätzlichen Schrittes zu den zwei Schritten, die man normalerweiser macht, wenn man mit einfachen Schritten geht. Wenn wir mit verdoppelten Schritten gehen, gehen wir mit den akzentuierten Zählzeiten, aber wir machen einen Schritt mehr auf eine der nicht akzentuierten Zählzeiten, sei es auf der zweiten oder vierten Zählzeit.

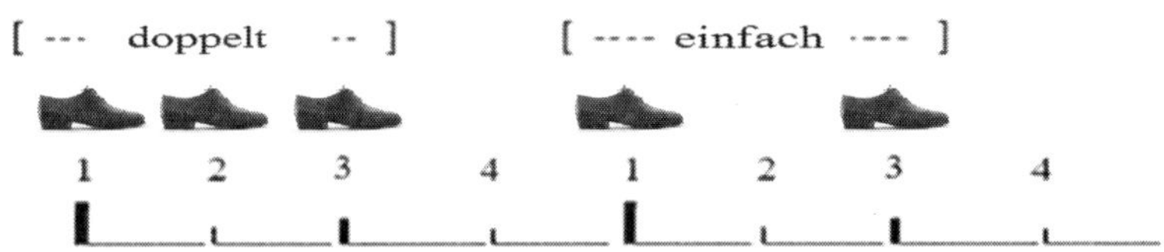

Auch können Sie zwei verdoppelte Schritte hintereinander auf den vier Zählzeiten wie in dem Fall machen, wo man den Teil der Variationen des Tangos schnell tanzt, oder weil Sie einen verdoppelten Schritt zu einem regulären verdoppelten Schritt wegen einer Gewichtsveränderung oder aus anderem Grund hinzufügen.

Mehrere Verdoppelungen hintereinander:

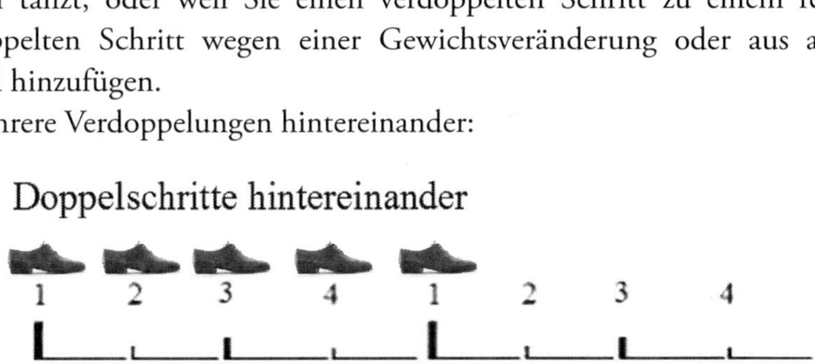

Trotzdem, der gewöhnlichste ist der "reguläre verdoppelte Schritt", den wir jetzt behandeln und der dadurch entsteht, dass wir zum einfachen Schritt einen Schritt hinzufügen, sei es auf der zweiten oder vierten Zählzeit, so dass sich folgende Diagramme ergeben:

Fügen wir einen Schritt auf der zweiten Zählzeit hinzu:

Fügen wir einen Schritt auf der vierten Zählzeit hinzu:

Alle die gewöhnlichsten verdoppelten Schritte wie die *Cunita*, der *Ocho cortado*, die *Molinete* usw. sind Bewegungen, wo man diese regulären verdoppelten Schritte benutzt.

Weil die vier Zählzeiten im Tango regelmäßig sind, merken wir keinen Unterschied zwischen den verdoppelten Schritten auf der ersten, zweiten und dritten Zählzeit beziehungsweise auf der ersten, dritten und vierten Zählzeit. Es ist *nicht* so in der Milonga, wo die vier Schläge nicht regelmäßig sind.

Wenn wir mit regelmäßig verdoppelten Schritten tanzen, wird jede Vier-Zählzeiten-Einheit drei Schritte statt zwei wie bei den einfachen Schritten haben, aber natürlich in der gleichen Zeitdauer.

Regelmäßiger verdoppelter Schritt

Einfacher Schritt

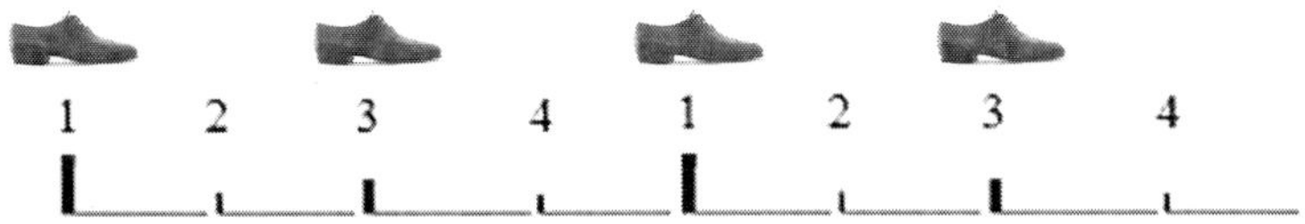

Doppelschritte passen gut, wenn wir in der Musik klar die vier Grundschläge haben. Wir werden sehen, dass wir im Tango nicht immer die vier Zählzeiten hören, manchmal gibt es nur 2 - die erste und dritte- und manchmal nur 1 - die erste -. In diesen Fällen benutzen wir lieber einfache oder halbe Schritte.

Übungen:

Übung 1: Hören Sie aufmerksam Audio 1-3 und finden Sie die vier Zählzeiten des Rhythmus, den Sie hören.

Übung 2: Hören Sie, ohne zu gehen, für einige Minuten Audio 2-3, wo Klangstäbe die erste, zweite und dritte Zählzeit verstärken.

Übung 3: Mit Audio 2-3 gehen Sie jetzt Ihre Schritte zusammen mit der ersten, zweiten und dritten Zählzeit mit den Klangstäben und spüren Sie nach, wie die Schritte mit den Schlägen der Musik zusammen passen. Machen Sie für diese Übung die Schritte folgendermaßen: den ersten nach vorne, den zweiten zurück und den dritten nochmals nach vorne.

Sehen Sie sich Video 1-3 an, wo ein Tanzpaar dieses Beispiel vormacht. Kopieren Sie die Schritte, um sicher zu sein, dass Sie die Übung richtig machen.

Übung 4 – Wenn Sie die Übung mehrere Male wiederholt haben, gehen Sie jetzt zu Audio 1-3 zurück und machen Sie die Verdoppelungsübung ohne die Hilfe der Klangstäbe auf der ersten, zweiten und dritten Zählzeit.

Übung 5: Hören Sie, ohne zu gehen, Audio 3-3, wo Klangstäbe jetzt die erste, dritte und vierte Zählzeit markieren, bis Sie sicher sind, an welchen Stellen die Verdoppelungen sind.

🎧 Übung 6: Immer noch mit Audio 3-3 gehen Sie jetzt auf der ersten, dritten und vierten Zählzeit, zusammen mit den Markierungen der Klangstäbe und fühlen Sie, wie die Schritte mit der Musik zusammen passen.

🎧 Übung 7: Wenn Sie es mehrere Male wiederholt haben, gehen Sie zu Audio 1-3 zurück, wo es das gleiche Beispiel gibt, aber ohne Klangstäbe.

Wenn Sie es nicht machen können, gehen Sie nochmals zu Audio 3-3 zurück und arbeiten Sie es erneut mit Hilfe der Klangstäbe durch, bis Sie sicher sind, und kehren Sie danach zu Audio 1-3 zurück.

Benutzen Sie die gleichen Schritte, die Sie in Video 1-3 sehen: einen Schritt nach vorne, einen Schritte zurück, und den nächsten Schritt nochmal vorwärts.

👁 Sehen Sie sich Video 2-3 an, wo ein Tanzpaar die Verdoppelungen zuerst gehend und danach tanzend auf den Zählzeiten eins, drei und vier macht.

Wiederholen Sie die ganze Übung mehrere Male und danach wenden Sie den verdoppelten Schritt mit Audio 4-3 und 5-3 an, zuerst mit Hilfe der Klangstäbe, danach ohne diese Hilfe.

Wann man den verdoppelten Schritt benutzt:

Wir haben schon gesagt, dass es besser ist, den verdoppelten Schritt zu benutzen, wenn wir ganz klar die vier Zählzeiten in der Musik hören. Auch haben wir schon erklärt, dass wir nicht immer die vier Zeiten hören können, manchmal hören wir nur zwei und manchmal nur eine. In diesen Fällen sollten wir lieber einfache oder halbe Schritte benutzen. Deshalb ziehen wir es vor, Figuren oder Sequenzen, die verdoppelte Schritte enthalten, für diejenigen Phrasen, die die vier Zählzeiten deutlich markieren, zu reservieren. Wenn eine Phrase die Frage oder Antwort einer anderen Phrase ist, - siehe Kapitel 9: Form und Struktur - und der Rhythmus ein Kontrastelement zwischen beiden ist, dann ist dies noch wichtiger.

Es ist nicht zwingend, aber es passt besser. Wir sehen in den folgenden Beispielen, wo es Anwendungsmöglichkeiten für den verdoppelten Schritt gibt, die sich in Übereinstimmung mit der musikalischen Phrase befinden.

🎧 Übung 8-Hören Sie Audio 6-3. Sie werden sehen, dass es in der ersten Phrase, die acht einfache Schritte lang dauert, starke Akzente auf der ersten und dritten

Zeit gibt, die uns vorschlagen, hier ganz klar mit einfachen Schritten zu gehen. In der zweiten Phrase, die Antwort auf die erste, markiert das Orchester ganz klar einen Rhythmus mit vier Zählzeiten. Deshalb wechseln wir hier und tanzen mit verdoppelten Schritten.

🎧 Übung 9: Hören Sie Audio 7-3 mit einem Bandoneón und mit Klangstäben, die die erste und dritte Zählzeit in der ersten Phrase und die vier Zählzeiten in der zweiten Phrase markieren, um Ihnen zu helfen, die Unterschiede zu hören. Gehen sie in der ersten Phrase mit einfachen Schritten und in der zweiten Phrase mit verdoppelten Schritten.

🎧 Übung 10: Nach mehreren Wiederholungen arbeiten Sie mit Audio 6-3, wo es das gleiche Beispiel ohne die Hilfe des Bandoneóns und der Klangstäbe gibt.

👁 Sehen sie in Video 3-3, wo das Tanzpaar diese Übung, zuerst gehend, dann tanzend macht. Zuerst gehen Sie und danach tanzen Sie mit eigenen Schritten unter Berücksichtigung des rhythmischen Wechsels von einer Phrase zur anderen.

🎧 Übung 11: Sie können mit Audio 8-3 weiter arbeiten, die erste Phrase für einfache und die zweite für verdoppelte Schritte benutzen, zuerst mit Hilfe der Klangstäbe, danach ohne diese Hilfe.

Kapitel 4: Halbe Schritte

Wir haben in Kapitel 3 gesehen, dass der doppelte Schritt sich aus dem einfachen Schritt durch das Einfügen eines weiteren Schrittes herleiten lässt. Ebenso ist es im Tango üblich, einen Schritt des einfachen Schrittes auszulassen, das heißt statt zwei Schritte auf vier Zählzeiten machen wir nur einen, nämlich auf der ersten Zählzeit. Es bietet sich immer dann an, wenn in der Musik lediglich diese erste Zählzeit markiert wird, während die Melodie aber ohne jede rhythmische Markierung weitergeführt wird.

Im Gegensatz zum Namen "verdoppelter Schritt", bei dem wir einen Schritt hinzufügen, benutzen wir den Namen halber Schritt, wenn wir einen Schritt weniger machen.

Einfacher Schritt

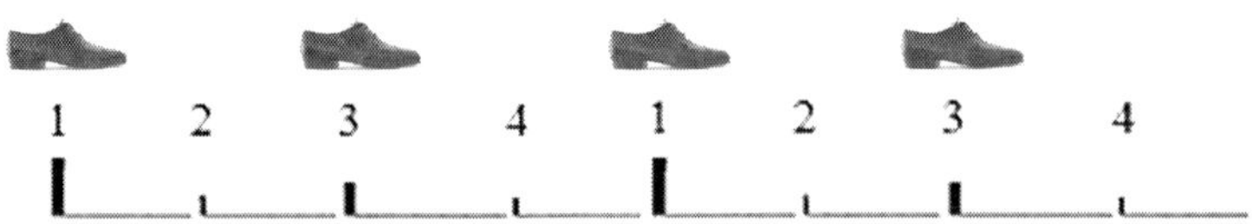

Verdoppelter Schritt

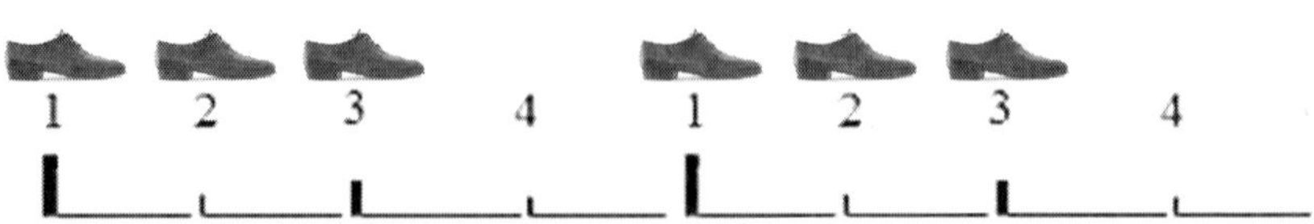

Halber Schritt

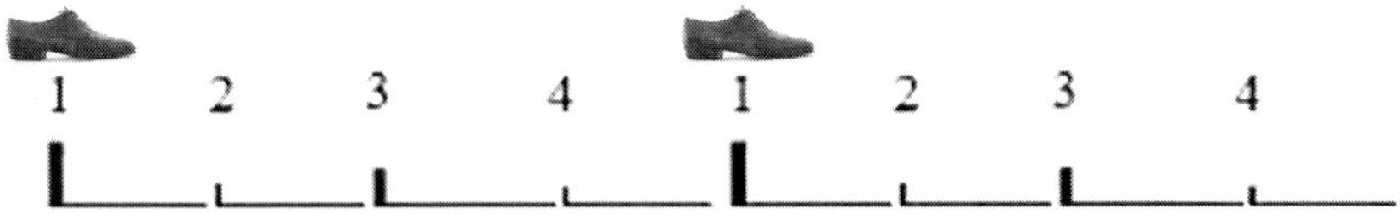

Fall Sie Musiker sind, sollten Sie diese Definition nicht auf die musikwissenschaftliche Terminologie übertragen, weil es so nicht funktioniert: dort ist es genau anders herum. Aber für die Tänzer ohne musikalische Kenntnisse ist es logisch, an das Halbieren und Verdoppeln zu denken, wenn wir die Hälfte der Schritte oder das Doppelte der Schritte wie normalerweise machen. Deshalb verwenden wir hier diese Namen.

Also, wenn in der Musik nur die erste der vier Zählzeiten betont wird, machen wir einen einzigen Schritt auf dieser Zählzeit, auf der ja der Hauptakzent liegt. Der halbe Schritt ist der Ort der Pausen im Tango, wo man die geeigneten Figuren einsetzen kann, die man in Pausen benutzt: Verzierungen, langsame *Voleos*, *lápiz*, *planeos* usw. Diese Pausen, die der halbe Schritt produziert, sind regelmäßig, weil sie vier Zählzeiten dauern und immer am selben Ort vorkommen. Es gibt längere Pausen, die auch unregelmäßig sein können, aber diese sind nicht so häufig und sie finden sich im Allgemeinen eher in einigen Perioden einiger Orchester, zum Beispiel in der späten Periode von Osvaldo Pugliese und in einigen Aufnahmen der letzten Periode von Troilo, in denen die Orchester schon mehr im Konzert spielen als für Tänzer. Wenn wir dagegen Pugliese von 1947 und Troilo von 1943 hören, sind alle Pausen so lang wie ein halber Schritt.

Übungen:

🎧 Übung 1: Hören Sie Audio 1-4 . Sie hören zwei verschiedene Elemente in der Musik:

A: Die Melodie

B: Die Begleitung, die die vier Zählzeiten der rhythmischen Basis des Tangos markiert

🎧 Übung 2: Hören Sie Audio 2-4 um die Melodie zu erkennen

Übung 3: Hören Sie Audio 3-4 um die Begleitung zu erkennen.

Für unseres Arbeit folgen wir der Begleitung, die den Rhythmus markiert.

Die Begleitung markiert die vier Zählzeiten, deshalb kann man mit einfachen Schritten oder verdoppelten Schritten gehen, aber am Anfang der neuen musikalischen Phrase markiert das Orchester nur die erste Zählzeit drei Mal hintereinander. Diese drei Male wird man nur einen halben Schritt mit der ersten Zählzeit machen, um danach, wenn das Orchester zur Markierung aller vier Zählzeiten zurückkehrt, wieder einfache oder verdoppelte Schritte zu machen.

Hören Sie Audio 1-4 verschiedene Male an, bis Sie mit der Musik vertraut sind und singen oder sprechen Sie die Melodie in dem Teil mit, in dem Sie lediglich die ersten Zählzeiten tanzen, um sie sich zu merken.

Übung 4: Hören Sie Audio 4-4 mit dem gleichen Beispiel, jetzt von einem Bandoneón begleitet, das zusammen mit dem Orchester und Klangstäben hilft, den Rhythmus zu markieren. Diese zwei Instrumente werden gemeinsam mit dem Orchester den Wechsel von der Markierung aller vier Zählzeiten hin zur Markierung lediglich der ersten Zählzeit verstärken, um Ihnen zu helfen, diesen Wechsel zu erkennen. Hören Sie sie aufmerksam mehrere Male an, während Sie die Melodie singen oder sprechen, bis Sie mit diesem Beispiel vertraut sind.

Übung 5: Mit Audio 4-4 gehen sie einfache oder verdoppelte Schritte zur Musik bis zu dem Moment, wo die Phrase beginnt, in der nur die erste Zählzeit markiert wird. An dieser Stelle machen Sie nur einen halben Schritt, das heißt, nur einen Schritt mit der ersten markierten Zählzeit und warten Sie bis zur nächsten ersten markierten Zählzeit. Dies geschieht drei Mal, und danach kehrt die Musik zu den vier Zählzeiten zurück. Achten Sie während dieser drei Male, in denen es nur den Akzent der ersten Zählzeit gibt, auf die Melodie, die weiter zu hören ist, aber ohne rhythmische Begleitung.

Übung 6: Machen Sie die gleiche Übung mit Audio 1-4, dieses Mal aber ohne die Hilfe des Bandoneóns und der Klangstäbe. Wenn es für Sie noch zu schwierig ist, gehen Sie zu Audio 4-4 zurück und üben Sie einige Male zusätzlich, bis Sie sicher sind und kehren dann zur Arbeit mit Audio 1-4 zurück. Wenn Sie die Melodie singen oder sprechen, werden Sie sich besser an die Stellen erinnern, an der die halben Schritte beginnen, und es wird viel leichter sein, diese richtig einzusetzen.

Übung 7: Sehen Sie sich Video 1-4 an, in dem ein Tanzpaar diese Übung geht und tanzt, damit Sie sicher sind, sie gut umzusetzen.

Übung 8: Wenn Sie einmal mit halben Schritten gegangen sind, versuchen Sie, die Phrasen zu tanzen, zuerst allein und anschließend mit ihrem Tanzpartner, und nutzen Sie die Pausen, um Verzierungen oder langsame Bewegungen zu machen.

Sie können die ganze Übung während einer Woche mehrere Male üben und danach das Gelernte mit Hilfe von Audio 5-4, Audio 6-4 und Audio 7-4 anwenden und vertiefen.

Kapitel 5: Der melodische Rhythmus im Tango

Was ist eine Melodie? Die Melodie ist das, was wir von einem Lied singen oder pfeifen. Wenn wir singen oder pfeifen, reproduzieren wir nur ein Element des Liedes, nämlich eine Linie von Tönen. Wir pfeifen im Normalfall weder die Begleitung mit, noch die rhythmische Markierung, sondern lediglich jene Abfolge von Tönen, die das Lied charakterisiert und es uns ermöglicht, das Lied zu erkennen und es von allen anderen zu unterscheiden. Wenn man auf irgendeine Weise den Rhythmus eines Liedes markieren würde – zum Beispiel durch Klatschen oder Klopfen – aber nicht die dazugehörige Melodie, so könnte man unter Umständen erkennen, um welchen Rhythmus es sich im Allgemeinen handelt, nicht aber um welches Lied im Besonderen.

🎧 Hören Sie Audio 1-5. Sie werden einen Tango hören, von einem Orchester gespielt.

🎧 Hören Sie Audio 2-5. Nun erklingt nur die Melodie desselben Tangos, ohne die begleitenden Elemente des Orchesters. Dies soll verdeutlichen, worauf wir uns beziehen, wenn wir von „Melodie“ sprechen.

Was versteht man unter einer „melodischen Phrase“?

Genau wie die gesprochene Rede ist auch die musikalische „Rede“ in Sätzen organisiert, die zwar nicht in einzelne Worte übersetzbar sind, aber doch ihren Sinn haben, wenn es um den Ausdruck einer Stimmung oder eines Gefühls geht. Genau wie der gesprochene Satz hat auch der musikalische Satz bzw. Phrase einen Anfang, einen Verlauf und ein Ende, welches im Allgemeinen einen Ruhemoment im musikalischen Spannungsbogen zur Folge hat, in manchen

Fällen sogar eine kleine Pause.

Hören Sie Audio 3-5, in dem isolierte Melodien zu hören sind. Versuchen sie den Anfang, den Verlauf und das Ende der musikalischen Phrase zu erkennen.

Letztendlich, so wie in einem Satz der gesprochenen Sprache, hat jede musikalische Phrase ihre eigenen Akzente.

Hören Sie Audio 4-5, in dem die Melodie von Violinen gespielt wird, begleitet von einem Orchester und von Klangstäben, die die Akzente dieser Melodie hervorheben.

Im Tango findet man die Akzente an verschiedenen Stellen, abhängig von der "Rede" jeder melodischen Phrase. Diese Punkte, an denen sich die Akzente befinden, werden diejenigen Stellen sein, wo wir, wenn wir nach der Melodie tanzen, unsere Schritte setzen werden, mit denen wir mit unserem Körper diese Akzente darstellen. Das bedeutet einen drastischen Wandel im Vergleich zu allen anderen Tanzformen, die, weil sie ein festes Rhythmusmuster aufweisen, die Akzente immer an den gleichen Stellen haben und damit auch die gleichen Orte für die Schritte. In diesen Tänzen variiert der Typ der Schritte oder Figuren, im Gegensatz dazu ist im Tango, wenn der Rhythmus der Melodie folgt, die Variation eine doppelte:

A: durch die Akzente, wohin man seine Schritte oder Bewegungen platzieren wird und die nicht immer die gleichen sein werden,

B: durch die verschiedenen Figuren und Schritte, die man für die Interpretation der Musik benutzt.

Wie ist die Beziehung zwischen dem melodischen Rhythmus und dem Basisrhythmus mit vier Zählzeiten?

Die Melodie erklingt über einem Basisrhythmus mit vier Zählzeiten. Die Akzente der Melodie stimmen mit einigen dieser vier Zählzeiten überein, manchmal ist es nur die erste Zählzeit, manchmal die erste und dritte, manchmal alle vier, manchmal nur die dritte usw. Alles hängt davon ab, wo die melodischen Akzente in jeder Phrase sind, das heißt, sie sind eben nicht regelmäßig. Das produziert eine reiche Musik in rhythmischer Hinsicht, weil jede neue Phrase ein neuer rhythmischer Vorschlag für den Tänzer ist.

Verstehen wir also den „melodischen Rhythmus“ als denjenigen, der durch die Akzente jeder melodischen Phrase entsteht.

Also, die Elemente, die den Tango von den anderen Tänzen unterscheiden, sind folgende:

A: Wenn wir der Melodie folgen, kann jede Phrase eine verschiedene Stellung der Akzente haben und uns Hinweise geben, wo wir unsere Schritte mit diesen melodischen Akzenten in einem freien Schema unterbringen. Es wird nicht immer das gleiche Schema sein, weil es davon abhängt, wie jede melodische Phrase akzentuiert ist.

B: Der Basisrhythmus mit vier Zählzeiten ist nicht immer präsent, weil er manchmal auf zwei Schläge, manchmal auf einen Schlag reduziert ist, und manchmal die Basis selbst gar nicht mehr zu hören ist.

C: Wir können frei wählen, ob wir diesem oder jenem Element folgen wollen. Es wird davon abhängen, wie diese Elemente in jeder Phrase präsent sind. Das heißt, wenn in einer Phrase die Melodie kein großes Gewicht hat beziehungsweise nicht zu sehr hervortritt und die Basis mit den vier Zählzeiten offenkundiger ist, dann wird man dieser rhythmischen Basis folgen; wenn aber im Gegensatz dazu die Melodie dominant ist, wird man dem melodischen Rhythmus folgen, und wenn beide gleichwertig sind, ist es die eigene Entscheidung, welchem der beiden Elemente man folgen will.

Übungen:

Um dies zu verstehen, arbeiten wir mit dem folgenden Diagramm und dem Musikbeispiel auf Audio 6-5. In dem Diagramm haben wir lediglich die Melodieakzente markiert, nicht aber die der Begleitung.

🎧 Übung 1: Um sicher zu gehen, dass wir die Melodie des Beispiels erkennen, hören wir zuerst Audio 5-5, wo ein Bandoneón allein die Melodien der fünf Phrasen spielt, die den ersten Teil des Tangos ausmachen.

Hören Sie Audio 5-5 und singen Sie die vom Bandoneón gespielte Melodie mit, bis Sie sie sich merken können.

🎧 Übung 2: Wenn Sie sich die Melodie ins Gedächtnis zurückrufen können, hören Sie Audio 6-5. Sie werden die folgenden Elemente hören:

A: das Orchester, das den Tango spielt,

B: Klangstäbe, die die Akzente der Musik markieren.

Hören Sie es sich mehrere Male mit Blick auf das Diagramm an und finden Sie heraus, wo die Schläge der Klangstäbe mit den Akzenten der Melodie, die in der Grafik mit den Akzenten „ > " angezeigt werden, übereinstimmen.

Sie werden dann sehen, dass die Akzente an verschiedenen Stellen vorkommen gemäß jeder melodischen Phrase, und auch wenn die Phrasen gleich sind – zum Beispiel stimmen Phrase zwei und Phrase eins überein -, variiert die Stellung gemäß der Art und Weise, wie jede Phrase gespielt beziehungsweise interpretiert wird.

Wenn wir dann mit der Melodie und ihren Akzenten tanzen und die Akzente ganz oder wenigstens zum größten Teil nutzen, um unsere Schritte zu setzen, werden wir sehen, dass wir nicht immer das Gleiche tanzen und dass unsere Bewegungen vom Rhythmus abhängen werden, der jeder melodischen Phrase innewohnt.

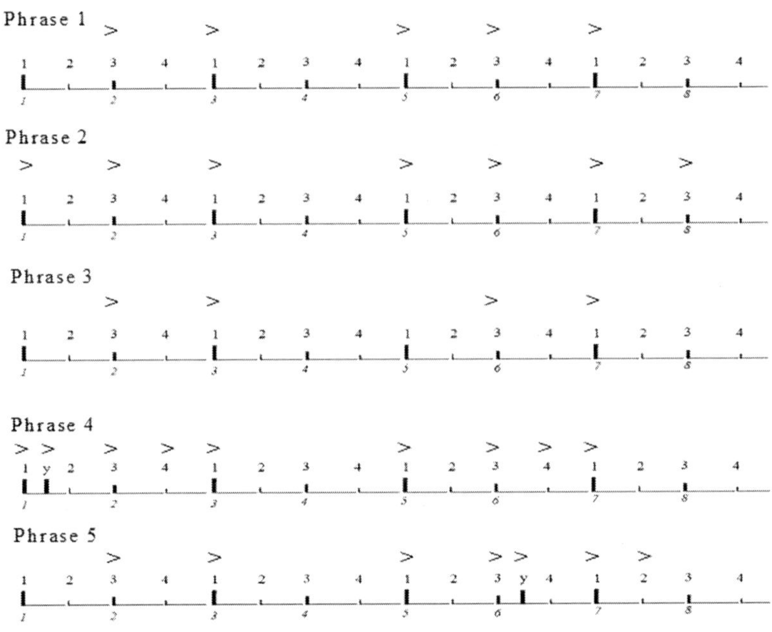

🎧 Übung 3: Hören Sie Audio 6-5 und laufen Sie dabei, indem Sie bei den Akzenten der Melodie auftreten, die Klangstäbe helfen Ihnen dabei.

🎧 Übung 4: Wenn Sie sicher sind, machen Sie die gleiche Übung mit Audio 7-5, wo die Musik jetzt ohne Klangstäbe erklingt.

🎧 Übung 5: Machen Sie die Übung mit Ihrem Tanzpartner, zuerst gehend, dann tanzend, auf den Akzenten der Melodie, zuerst mit Audio 6-5, später mit Audio 7-5.

👁 Sehen Sie sich Video 1-5 an, wo ein Tanzpaar die Übung macht, zuerst gehend und dann tanzend, um sicher zu sein, sie gut zu machen.

Kapitel 6: Die freie Melodie ohne rhythmische Basis

Wir beziehen uns auf den Fall mit einer oder mehreren Phrasen, in denen man nur eine Melodie hört. Kein Instrument des Orchesters spielt die rhythmische Basis mit den vier Zählzeiten. Das einzige, was erklingt, ist die Melodie, deshalb wird man beim Tanzen die Akzente der Melodie nutzen. An diesen betonten Punkten werden wir unsere Schritte setzen und nicht auf den vier Zählzeiten, weil diese nicht zu hören sind. Wir werden jetzt sehen, wie die Melodie vorgibt, welcher Schritttyp - einfacher, verdoppelter oder halber Schritt - am besten passt, wenn wir mit der Melodie tanzen wollen.

Übungen:

🎧 Übung 1: Hören Sie aufmerksam das Musikbeispiel auf Audio 1-6 mehrere Male .Das gesamte Orchester spielt die gleiche Melodie. Es gibt weder ein Instrument, das einen abweichenden Rhythmus spielt, noch eine Begleitung mit vier Zählzeiten.

Singen oder sprechen Sie die Melodie zusammen mit dem Orchester und akzentuieren Sie mit Ihrer Stimme die Punkte, von denen Sie glauben, dass sie diese Akzente darstellen.

🎧 Übung 2: Hören Sie Audio 2-6, in dem Klangstäbe die Akzente der Melodie markieren. Dies ist nicht die einzige Akzentuierungsmöglichkeit, denn nicht alle Ohren hören gleich. Singen Sie mit der Musik mit und schlagen Sie die Akzente mit der Handfläche auf die Hüfte zusammen mit den Klangstäben mit.

🎧 Übung 3: Immer noch mit Audio 2-6 gehen Sie jetzt mit den Akzenten, aber ohne sie mit den Händen zu schlagen, wohl aber die Melodie mitsingend.

🎧 Übung 4: Kehren Sie zu Audio 1-6 zurück und gehen Sie jetzt mit der Originalmusik ohne die unterstützenden Klangstäbe, und setzen Sie Ihre Schritte mit den Akzenten der Melodie.

👁 Sehen Sie sich Video 1-6 an , wo ein Tanzpaar auf den Akzenten der Melodie zuerst geht und danach tanzt. Dies ist nicht die einzige Akzentuierungsmöglichkeit, diese hängt von Ihrer Interpretation ab. Üben Sie das Gehen und Tanzen mit den Akzenten der Melodie, zuerst allein, dann im Paar.

Nachdem Sie diese Übung mehrere Male geübt haben, können Sie das Gelernte nun anhand Audio 3-6 und Audio 4-6 anwenden, wo sie weitere Melodiebeispiele finden werden.

Kapitel 7: Die Melodie über einer rhythmischen Basis

Wir sprechen von einer Melodie über einer rhythmischen Basis, wenn ein Teil des Orchesters - im allgemeinen das Klavier mit Kontrabass plus Bandonéon - den Rhythmus mit seinen vier Zählzeiten beziehungsweise zwei Zählzeiten markiert und auf der anderen Seite gleichzeitig andere Instrumente oder ein Soloinstrument eine Melodie spielen. Wenn wir auf die Akzente der Melodie achten, werden wir sehen, dass sie nicht auf irgendeinen beliebigen Punkt fallen, sondern dass sie mit einigen der vier Zählzeiten zusammenfallen, die vom restlichen Orchester markiert werden, die die rhythmische Basis bilden (Klavier, Kontrabass usw.)

In diesem Fall gibt es zwei rhythmische Elemente, die sich deutlich unterscheiden:

A: den melodischen Rhythmus
B: den Basis-Rhythmus mit vier Zählzeiten

Das bedeutet, dass man wählen kann, nach welchem dieser beiden Elemente man tanzt. Manchmal wird eines dieser Elemente klar überwiegen und das Ohr wird versuchen, ausschließlich diesem zu folgen. Andere Male sind beide Elemente gleichwertig, so dass es an den Tänzern liegt zu entscheiden, welchem sie folgen wollen.

Übungen:

🎧 Übung 1: Hören Sie mehrere Male Audio 1-7, nur um das Beispiel näher kennen zu lernen. Versuchen Sie, mit dem Gehör diese zwei Elemente zu finden:

A: den Basisrhythmus mit vier Zählzeiten und
B: die Violinen, die die Melodie spielen.

Übung 2: Hören Sie mehrere Male Audio 2-7, in dem Klavier, Kontrabass und Bandoneón die rhythmische Basis markieren und gehen Sie mit einfachen und verdoppelten Schritten zu dieser Musik.

Übung 3: Hören Sie nun Audio 3-7, wo eine Geige allein die Melodie spielt. Singen oder sprechen Sie die Melodie einige Male mit, und versuchen Sie dann herauszubekommen, wo die Akzente oder die starken Punkte der Melodie sind. Anfangs werden diese ohne Klangstäbe, das zweite Mal mit Klangstäben gespielt.

Übung 4: Mit Audio 4-7 gehen Sie mit der Melodie. Klangstäbe helfen Ihnen, die Akzente beim ersten Mal zu finden. In der zweiten Wiederholung gibt es keine Klangstäbe, damit Sie die starken Punkte der Melodie selbst herausfinden.

Übung 5: Nachdem Sie mehrere Male mit Audio 4-7 geübt haben, kehren Sie zu Audio 1-7 zurück und gehen Sie einige Male mit der Melodie und einige Male mit einfachen und verdoppelten Schritten zur rhythmischen Basis, die vom restlichen Orchester markiert wird.

Übung 6: Achten Sie im Video 1-7 darauf, wie das Tanzpaar mit der Melodie der Geige geht und tanzt, um sicher zu sein, dass Sie gut mit der Melodie gehen.

Übung 7: Achten Sie im Video 2-7 darauf, wie das Tanzpaar zuerst mit dem Basisrhythmus mit vier Zählzeiten geht und dann tanzt, um sicher zu sein, dass Sie gut auf dem Basisrhythmus gehen.

Übung 8: Nachdem Sie anhand des Videos kontrolliert haben, wie diese Übung gut zu machen ist, kehren Sie zu Audio 1-7 zurück und tanzen Sie mit beiden Optionen, das eine Mal nach der Melodie, das andere Mal nach der rhythmischen Basis. Sie können nach irgendeiner der beiden Elemente tanzen, und sicherlich werden Sie einmal mehr Übereinstimmung mit einem der beiden finden, ein anderes Mal aber nicht, das hängt jeweils von der musikalischen Phrase ab.

Sie können dasselbe mit den Melodien von Audio 5-7, Audio 6-7 und Audio 7-7 üben. Alle drei Beispiele haben die gleichen rhythmischen Fälle und werden zuerst ohne Klangstäbe und dann mit Klangstäben gespielt.

Kapitel 8: Dialog zwischen den Melodien

Wenn zwei Melodien miteinander einen Dialog führen, kann man leicht die Rollen von Mann und Frau trennen. Dieser Fall wird im Folgenden untersucht.

Übungen:

🎧 Übung 1 – Hören Sie aufmerksam Audio 1-8 mehrere Male und versuchen Sie, die folgenden Elemente zu unterscheiden:

A: Die tiefen Klänge eines Bandoneóns, das mit den hohen Klängen eines anderen Bandoneóns in einem Frage-Antwort-System Zwiesprache hält.

B: eine orchestrale Basis (Klavier, Kontrabass und rhythmisches Bandoneón), die die vier Grundzählzeiten markiert.

🎧 Übung 2 – Gehen Sie mit Audio 2-8 und folgen Sie der Melodie des Bandoneóns, das die tiefen Klänge spielt, die von Klangstäben verstärkt werden. Bleiben Sie am Platz, ohne sich zu bewegen, wenn die hohen Klänge des anderen Bandoneóns erklingen.

🎧 Übung 3 – Mit Audio 2-8 gehen Sie jetzt nur mit dem Bandoneón mit dem hohen Klang und bleiben Sie am Ort, ohne sich zu bewegen, wenn das Bandoneón mit dem tiefen Klang, begleitet von den Klangstäben, spielt.

🎧 Übung 4 – Versuchen Sie von Neuem mit Audio 1-8 zu gehen und später zu tanzen, abwechselnd mit dem tiefen Bandoneón und später mit dem hohen, bis Sie sich an den Dialog gewöhnt haben.

👁 Übung 5 – Sehen Sie sich das Video 1-8 an, wo der Mann mit dem Bandoneón mit dem tiefen Klang geht und die Frau zum Bandoneón mit dem hohen Klang. Überprüfen Sie, ob Sie die Übung gut machen. Nachdem Sie es sich mehrere Male angesehen haben, versuchen Sie die Übung mit ihrem Tanzpartner zu machen.

Mit Audio 3-8 können Sie zuerst allein und dann mit Ihrem Tanzpartner üben, einige Teile zusammen und andere mit unterteilten Rollen, das Gleiche gilt für Audio 4-8. Die Rollen können innerhalb des Paares je nach Fall vertauscht werden, oder man macht einen Teil zusammen und den anderen Teil tanzt einer der beiden Tanzpartner allein.

Kapitel 9: Form und Struktur des Tangos

Bevor wir uns Form und Struktur des Tangos anschauen, wollen wir zunächst erklären, welchen Nutzen die Tänzer davon haben, sich diese Kenntnisse anzueignen und wie sie sie in der täglichen Praxis der Tanzimprovisation, aber auch bei der Planung einer Choreographie anwenden können.

Wir haben gesehen, dass der Rhythmus im Tango nicht immer derselbe bleibt, sondern sich – je nach Rhythmik der jeweiligen Melodie – drastisch verändern kann. Wenn wir diese Wechsel nicht hören oder nicht feststellen können, wann sie erfolgen, laufen wir immer Gefahr, dass unsere Schritte und Figuren nichts mit dem zu tun haben, was um uns herum an Musik erklingt.

Um die rhythmischen Wendepunkte vorhersagen zu können, wäre es ideal, den Tango auswendig zu kennen, aber es gibt tausende und abertausende Tangos und es ist unmöglich, sie alle im Kopf zu haben. Könnten wir aber beim Hören die rhythmischen Wendepunkte bestimmen und uns im Tanzen darauf vorbereiten, so würden sie uns nicht überraschen, und wir wären leichter in der Lage, unsere Bewegungen der Musik anzupassen.

Wenn man zum Beispiel eine lange Figur tanzen möchte, könnte man den Wendepunkt im Rhythmus abwarten, um nicht in der Mitte der Figur von einem erneuten Rhythmuswechsel überrascht zu werden. Oder aber man könnte den Schritt oder die Figur und die Art, sie zu tanzen, dem rhythmischen Charakter der neuen Phrase anpassen.

In diesem Kapitel werden wir die „Form“ und „Struktur“ des Tangos studieren, um zu verstehen, wie er konstruiert ist, aus wie vielen Teilen er besteht, wie viele Phrasen jeder Teil hat, wie die Teile und die Phrasen untereinander zusammenhängen und wie die rhythmischen Wechsel erfolgen.

Wenn wir verstehen, wie dieses System aufgebaut ist, können wir mit hoher

Wahrscheinlichkeit – freilich niemals mit hundertprozentiger – die rhythmischen Wendepunkte voraussehen und unseren Tanz diesen Wechseln anpassen.

Was ist die Form?

Mit Zement und Ziegelsteinen kann man ein Haus bauen – oder aber eine Kirche. Das Material bliebe das Gleiche. Was den Unterschied ausmachen würde, wäre die Form, die man kreiert, und als Konsequenz aus der Form die Nutzungsmöglichkeiten des jeweiligen Bauwerkes.

Auch wenn alle Arten von Musik aus dem gleichen Schatz von Tönen gemacht sind - wir sprechen hier von okzidentaler Musik, im Orient ist das anders -, unterscheiden sich die Musikstücke nicht nur im Rhythmus, sondern auch in ihrer Form. Sie haben verschiedene Teile von unterschiedlicher Länge, Wiederholungen von bestimmten Teilen, rhythmische Wechsel, Stimmungswechsel, Geschwindigkeitswechsel und so weiter.

Der Tango hat sich, nach einer experimentellen Anfangsphase, in der noch Musik geschrieben wurde, die in Länge und Anzahl sehr unterschiedliche Teile haben konnte, auf eine Form der drei Teile festgelegt. Dies geschah ungefähr zwischen den letzten Jahren des 19. und den ersten Jahren des 20. Jahrhunderts.

Wir wollen die drei Teile aus praktischen Gründen Teil A, B und C nennen, wobei jeder Teil seine eigene Melodie hat.

Die drei Teile werden in folgender Weise angeordnet: Zuerst erklingt Teil A, dann Teil B, danach wird Teil A wiederholt, gefolgt von Teil C und zum Schluss wird ein weiteres Mal Teil A wiederholt.

Es entsteht also folgendes Muster:

A-B-A-C-A

Diese Form, genannt „Rondo“, ist eine sehr geläufige Form, die in vielen Tänzen der unterschiedlichsten Kulturen und auch in der klassischen Musik zu finden ist. Obwohl nicht alle Tangos so gespielt wurden, ist dies dennoch die charakteristische und allgemeinste Form der Tangos zwischen 1895 und 1930. Diese Form wird in der Mehrzahl der Instrumentaltangos so fortgeführt. In manchen Fällen wird direkt die Form

A-B-C-A-B-C

gespielt, aber die traditionelle Form bleibt das Rondo A-B-A-C-A.

Ungefähr zum Ende der 20er Jahre entsteht eine neue Form, die nur aus zwei Teilen besteht und die „Tango Canción“ genannt wird. In dieser Form gibt es keinen Teil C mehr, sondern die Teile A und B wechseln einander lediglich ein- oder zweimal ab, auch ist er nicht mehr instrumental, sondern wird gesungen. Diese Form löst die dreiteilige Form, die wir vorher im Instrumentaltango kennen gelernt haben, jedoch nicht ab, sondern beide existieren nebeneinander weiter.

Nachdem wir nun die „Form“ der drei Teile und das Muster der Wiederholungen definiert haben, werden wir uns nun die „Struktur“ der einzelnen Teile anschauen.

Zunächst hat jeder der Teile eine eigene Melodie, die ihn charakterisiert und wiedererkennbar macht. Sie ist, wenn auch nicht immer, so doch meistens aus vier melodischen Phrasen zusammengesetzt.

Noch einmal: Es ist nicht immer so. Einige Tangos, die wir heute sehr oft tanzen, so zum Beispiel *Gallo Ciego*, *Quejas de Bandoneón*, *Suerte Loca*, entsprechen nicht der „Vier-Phrasen-Struktur“. Aber die Mehrzahl der Tangos tut es, deshalb wollen wir diese Regel aufstellen. Auch wenn sie keine absolute ist, findet sie dennoch Anwendung in den meisten Tangos, die wir tanzen.

Zusammenfassend ergibt sich für Form und Struktur eines regelmäßigen instrumentalen Tangos, der auf traditionelle Weise gespielt wird, folgendes Schema:

Teil A:

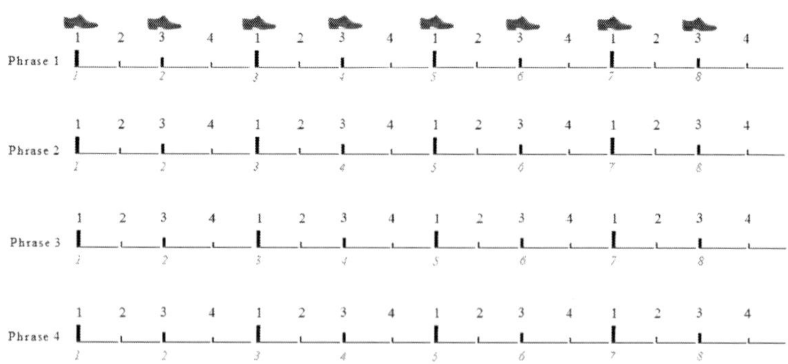

Teil B:

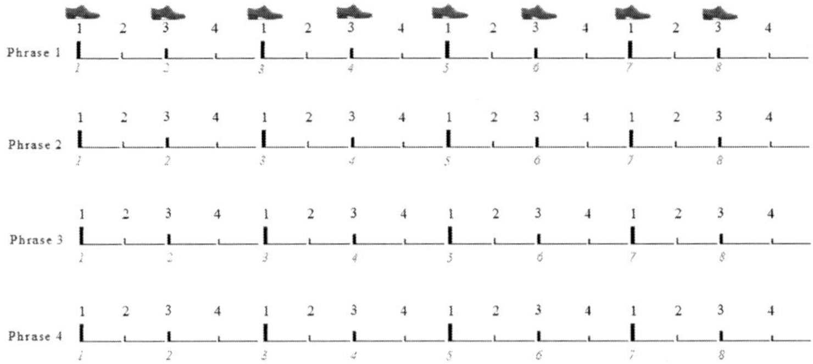

Teil A:

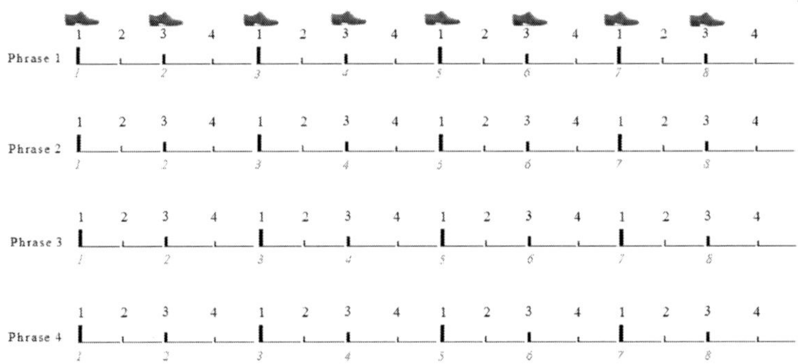

Teil C:

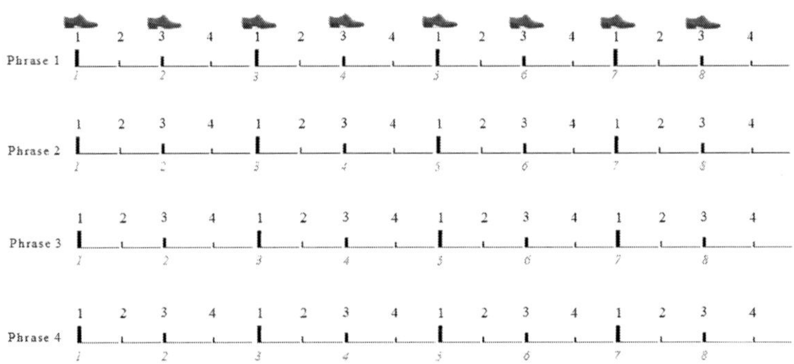

Teil A:

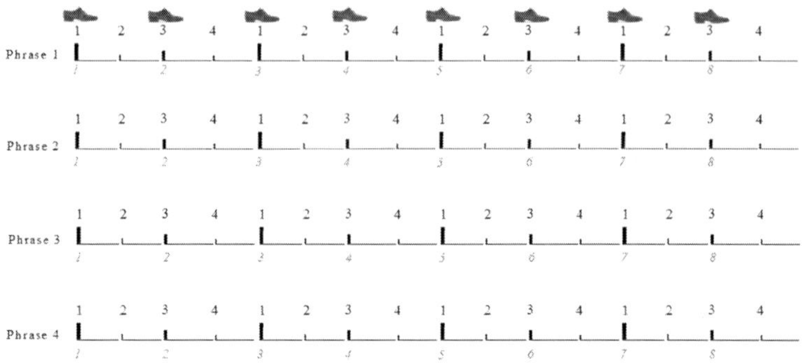

*Anmerkung: In dieser regelmäßigen Struktur ist jede Phrase acht einfache Schritte lang. Die kursiven Zahlen unter dem Diagramm bezeichnen die Länge der Phrasen, in „einfachen Schritten“ gemessen. Wir benutzen die Einheit „einfacher Schritt“ als Maß für die Zeitdauer unabhängig von den benutzten Schritten oder Figuren. Die Zahlen über dem Diagramm zeigen sowohl die vier Zählzeiten des Tangorhythmus als auch diejenigen Zählzeiten an, die für jede Figur benutzt werden.

Übungen:

🎧 Hören Sie Audio 1-9 mit einem Teil eines Tangos mit seinen vier Phrasen. Zuerst ist der vollständige Teil zu hören, danach jede Phrase einzeln. Klangstäbe markierten die Einheiten des einfachen Schrittes, unabhängig vom Typ des Schrittes, der mit jeder Phrase zusammenpasst. Dadurch können Sie überprüfen, dass es vier Phrasen gibt und dass jede einzelne eine Länge von acht einfachen Schritten hat. Zählen Sie die Schläge der Klangstäbe in jeder Phrase um es zu überprüfen.

Nachdem wir die Form des Tangos und seine innere Struktur analysiert haben, können wir uns nun ansehen, auf welche Weise die Rhythmen variieren und wie es möglich ist, Rhythmuswechsel vorauszusagen, damit wir von Variationen des Rhythmus nicht überrascht werden, sondern unseren Tanz an den jeweiligen rhythmischen Charakter der Musik anpassen können.

Die Art des Rhythmus - beispielsweise ein langsamer Rhythmus, auf welchem halbe oder einfache Schritte passen oder ein schneller Rhythmus, der gut für Verdopplungen ist - bleibt üblicherweise innerhalb einer Phrase, also für die

Dauer von acht einfachen Schritten, gleich. Zur Erinnerung: Wir verwenden die einfachen Schritte als Maßeinheit, um die Dauer einer Phrase oder eines Teils einer Phrase zu messen, weil wir keine Musiker sind und deshalb keine technisch-musikalische Sprache benutzen.

Wenn eine Phrase mit einem bestimmten Rhythmustyp beginnt, sei es ein langsamer oder schneller Rhythmus, ist es sehr wahrscheinlich, dass dieser bis zum Ende der Phrase andauert.

Üblicherweise interagieren die melodischen Phrasen in einem Frage-Antwort-Spiel. Manchmal wird dabei Phrase 1 - Frage - von Phrase 2 – Antwort- beantwortet, und Phrase 3 - neue Frage - von Phrase 4 - neue Antwort.

Hören Sie Audio 2-9, in dem erst Phrase 1 von Phrase 2 beantwortet wird und dann Phrase 3 von Phrase 4. Zuerst hören Sie alles zusammen, danach jede Frage und Antwort einzeln.

In manchen Fällen wird Phrase 1 von Phrase 4 und Phrase 2 von Phrase 3 beantwortet.

Hören Sie Audio 3-9 als Beispiel für das Modell 1 – 4, 2 – 3. Zuerst alles zusammen, danach jede Frage und Antwort einzeln.

Von Zeit zu Zeit sind die vier Phrasen gleich. In diesem Fall spielen normalerweise ein oder mehrere Instrumente ein Solo mit einer neuen Melodie, die eine Variation des ersten Themas ist.

Hören Sie dazu Audio 4-9 mit vier gleichen Phrasen, in dem aber die Geige in Phrase 3 und 4 ein Solo parallel spielt, wobei Phrase 3 die Frage und Phrase 4 die zugehörige Antwort ist.

Wenn wir Tango tanzen und hören, dass der Satz zu Ende geht, müssen wir aufmerksam für die wahrscheinlich kommenden, rhythmischen Veränderungen sein – und deshalb lieber vor dem Ende der Phrase eine kleine Pause machen, um die Wechsel im Rhythmus zu verstehen und sie uns in unsere körperlichen Bewegungen einzuverleiben.

Im Frage-Antwort-Spiel der Phrasen stellen die rhythmischen Variationen ein auffälliges Unterscheidungsmerkmal zwischen Frage und Antwort dar. Wird eine Phrase melodisch und gebunden gespielt, ist es wahrscheinlich, dass die nächste Phrase als Antwort ungebunden und abgehackt erklingt. Die zwei oder drei ersten Noten der Phrase zeigen uns den Charakter der neuen Phrase an, und abhängig von diesem Charakter können wir die Art der Schritte für die verbleibenden sieben oder sechs Schritte bis zum Ende der Phrase bestimmen.

Dazu muss man mit seinem Tanz nicht weiter innehalten, sondern kann immer einfache Schritte machen, bis der Charakter der Phrase klar wird.

Von Zeit zu Zeit ist der Charakter der Antwort auch dem Charakter der Frage gleich. In diesem Falle wird die Veränderung höchstwahrscheinlich mit der nächsten Phrase kommen.

Um auf die rhythmischen Veränderungen vorbereitet zu sein, ist es hilfreich,

A: das Ende jeder Phrase zu hören,
B: eine kleine Pause zum Ende der Phrase zu machen, um einen neuen Rhythmustyp erkennen zu können und ein Bewusstsein für unser Gewicht zu haben, so dass wir sofort auf den neuen Rhythmus antworten können.

Außerdem ist es wichtig, sich darüber bewusst zu werden, an welcher Stelle man beginnt, eine langdauernde Figur zu tanzen. Wenn man eine lange Figur, die acht oder mehr einfache Schritte dauert, kurz vor dem Ende einer Phrase beginnt, besteht die Gefahr, dass man von der rhythmischen Änderung überrascht wird und man sich in der unangenehmen Situation wiederfindet, dass die getanzte Figur in der Mitte die Verbindung zur Musik vollkommen verlieren würde.

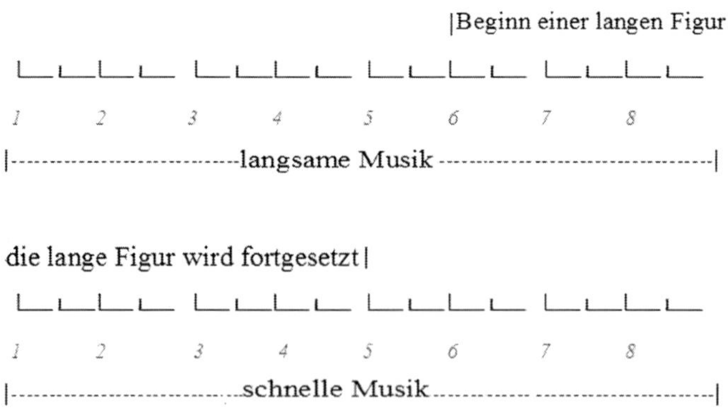

Der Schlüssel für improvisierendes Tanzen zur Musik ist deshalb, auf die Musik zu hören und aufmerksam für das Ende der Phrase zu sein. Auch muss man sich bewusst über das eigene Gewicht und das des Partners sein und eine kleine Pause oder einige einfache Schritte machen, bis man den Charakter der neuen Phrase bestimmen kann.

Wenn wir den Charakter einmal bestimmt haben, wissen wir, dass wir noch sieben oder sechs einfache Schritte mehr zu dieser Art von Rhythmus tanzen können. Wenn wir zwei Phrasen hintereinander mit dem gleichen Rhythmus haben, können wir sogar noch 15 oder 14 einfache Schritte lang zur gleichen Art von Rhythmus improvisieren. Und so wird es für uns möglich sein, diejenigen Schritte, die besser zum Charakter der Musik passen, aus unserem Schritt-Repertoire zu wählen.

🎧 Hören Sie Audio 5-9 und versuchen Sie das Ende der folgenden musikalischen Phrasen zu erkennen. Diese präsentieren sich zuerst isoliert. Dann hören Sie die gleichen Phrasen alle zusammen, eine nach der anderen. Versuchen Sie, jeweils am Ende eine Pause zu machen. Machen Sie diese Übung anfangs nur gehend, danach versuchen Sie sie allein zu tanzen und schließlich auch im Paar.

Manchmal kann eine Phrase mit acht einfachen Schritten noch einmal in kürzere Frage-Antwort-Strukturen unterteilt sein. Jede dieser kleinen Fragen und Antworten ist dann vier einfache Schritte lang. Normalerweise ist diese Einheit von vier einfachen Schritten das kleinste Zeitmaß eines typischen Rhythmus. Auch in diesem Fall kann man die Beziehung „Frage – Antwort" hören, aber es erfordert viel Übung, die Wechsel nach diesen kurzen Einheiten zu machen. Bei der großen Mehrheit der Tangos finden die Wechsel aber gewöhnlich nach jeder Phrase – also acht einfache Schritte lang – oder nach zwei Phrasen – also sechzehn einfache Schritte lang – statt.

Wenn Sie das Ende der Phrasen hören und kleine Pausen machen, sind sie viel besser vorbereitet, um ihre Schritte der Musik anzupassen. Wenn Sie darüber hinaus die Melodie A erkennen, die drei Mal wiederholt wird, wenn es sich um das Rondo-Schema A-B-A-C-A handelt, wenn sie zum zweiten Mal erklingt, werden Sie auch viel besser vorbereitet sein, sie wiederzuerkennen.

Es ist sehr wichtig, die Tangos, die wir mögen, so oft wie möglich zu hören, zum Beispiel zu Hause oder im Auto. Wenn wir nicht dabei tanzen, können wir uns besser auf die Musik konzentrieren, da wir nicht zusätzlich mit den

Aufgaben des Führens und den Problemen auf der Tanzfläche beschäftigt sind. Mit Tangomusik vertraut zu sein hilft uns, das Ende der Phrasen zu erkennen. Wenn man diese Fähigkeit trainiert, wird man in der Lage sein, diese Methode auch bei Tangos anzuwenden, die man zum ersten Mal hört.

Genauso wichtig ist es, das eigene Repertoire – Schritte, Verzierungen, usw. – in Bezug auf den Rhythmus hin zu klassifizieren. Auch ist es wichtig zu üben, Figuren im unterschiedlichen Rhythmus zu tanzen. Auf diese Weise kann man seine Figuren der Musik schneller anpassen.

Lassen Sie uns das Erklärte nun anwenden, indem wir einen Tango auf seine Form und Struktur hin untersuchen.

🎧 Hören Sie Audio 6-9. Sie werden den Tango „Marejada", gespielt vom Orchester Carlos Di Sarli hören, mit dem wir in den folgenden Übungen arbeiten wollen.

🎧 Hören Sie Audio 7-9. Ein Bandoneón wird nur die Melodie spielen. Singen oder sagen Sie die Melodie mit dem Bandoneón mit, bis Sie sie beherrschen.

🎧 Hören Sie Audio 8-9. Sie werden Teil A mit seinen vier Phrasen hören. Versuchen Sie den Charakter der Musik zu bestimmen: lebhafte, schnelle Bewegungen, die zu verdoppelten Schritten einladen, oder langsame, sanfte Bewegungen, die zu einfachen oder halben Schritten einladen.

🎧 Hören Sie Audio 9-9. Teil A wird mit Klangstäben gespielt, die die Betonungen markieren. Hören Sie zu, während Sie die folgende Abbildung betrachten.

Teil A:

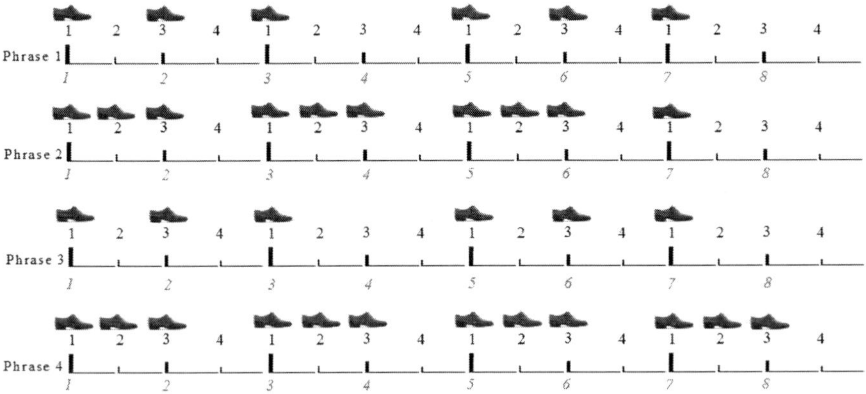

Wenn Sie die Betonungen hören können, gehen Sie, während Sie Audio 9-9 hören. Setzen Sie ihre Füße wie in der Abbildung gezeigt. Danach machen Sie das Gleiche mit Audio 8-9 ohne die Hilfe der Klangstäbe.

Schauen Sie sich Video 1-9 an. Ein Tanzpaar geht und tanzt Teil A, entsprechend der Abbildung.

Hören Sie Audio 10-9. Das Orchester spielt Teil B mit seinen vier Phrasen.

Hören Sie Audio 11-9. Ein Bandoneón spielt die erste und zweite Phrase von Teil B. Singen oder sprechen Sie die Melodie mit dem Bandoneón. Versuchen Sie den Charakter der Musik zu bestimmen, also ob er besser für schnelle oder langsame Bewegungen geeignet ist.

Hören Sie Audio 12-9. Klangstäbe markieren die Betonungen der Melodie in der ersten und zweiten Phrase von Teil B. Betrachten Sie dazu die folgende Abbildung:

Teil B:

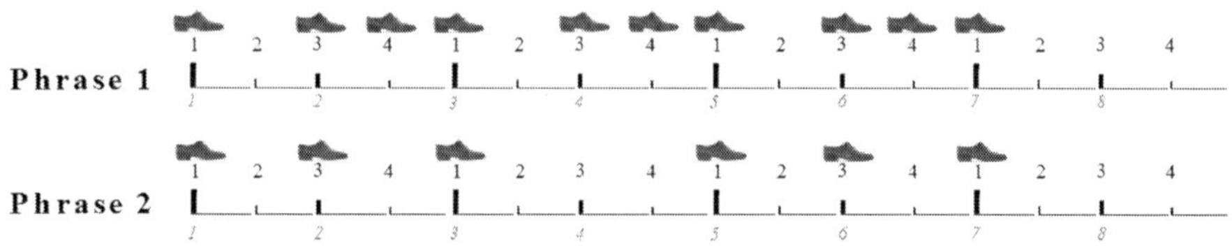

Wenn Sie die Stellung der Akzente erkennen können, gehen sie mit Hilfe der Klangstäbe zu beiden Sätzen.

Hören Sie Audio 13-9. Sie werden die dritte und vierte Phrase von Teil B hören. Hier werden Sie zwei unterschiedliche Elemente hören. Eine Violine spielt eine Melodie, die nicht Teil der Hauptmelodie ist. Diese Melodie ist langsam und romantisch und gut für einfache oder halbe Schritte. Währenddessen spielt der Rest des Orchesters eine rhythmische Begleitung mit sehr betonten vier Schlägen, die uns zu schnellen Bewegungen – doppelte Schritte – einlädt.

Hören Sie Audio 14-9, in dem eine Solo-Violine die Melodie der dritten und vierten Phrase von Teil B spielt. Singen Sie diese Melodie mit der Violine zusammen, bis sie Sie beherrschen. Versuchen Sie die Betonungen dieser Melodie zu hören.

Hören Sie Audio 15-9, in dem das Orchester die dritte und vierte Phrase spielt. Klangstäbe markieren die Betonungen der Melodie in der Violinstimme. Gehen Sie zu diesen Betonungen. Sie können das Setzen der Füße der folgenden Abbildung entnehmen:

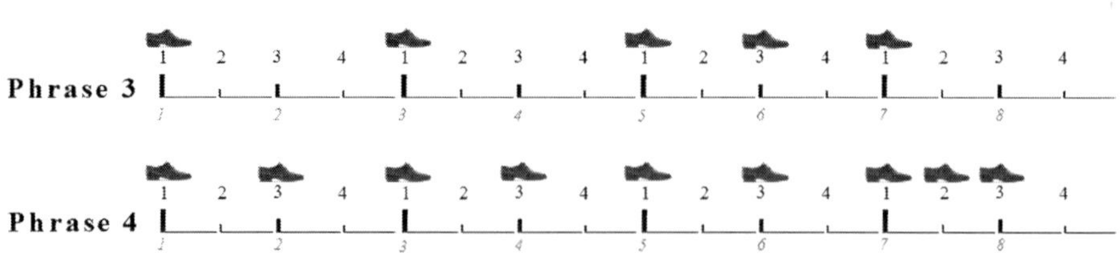

Hören Sie Audio 16-9. Die Begleitung ist hier verstärkt, damit Sie den Vier-Schlag-Rhythmus besser hören. Gehen sie mit der Begleitung mit doppelten Schritten.

Hören Sie Audio 10-9. Gehen Sie zu den vier Phrasen von Teil B. Gehen Sie in den Phrasen drei und vier einmal mit der Violine und einmal zusammen mit dem Orchester. Wenn Sie beide Optionen tanzen können und sich sicher fühlen, gehen und tanzen Sie es mit Ihrem Tanzpartner. Im Tanzen können Sie nachher frei entscheiden, ob Sie zur Melodie der Violinen oder zur Orchesterbegleitung tanzen wollen.

Sehen Sie sich Video 2-9 an, in dem ein Tanzpaar zu Teil B geht und tanzt und in den Phrasen 3 und 4 zur Melodie der Violinen geht. Überprüfen Sie ihre eigenen Bewegungen.

Sehen Sie sich Video 3-9 an, in dem ein Tanzpaar zu Teil B geht und tanzt und in den Phrasen 3 und 4 der Orchesterbegleitung folgt. Überprüfen Sie, ob Sie die Übung richtig gemacht haben.

Hören Sie Audio 17-9. Sie werden Teil C mit seinen vier Phrasen hören.

Hören Sie Audio 18-9. Sie werden Teil C mit seinen vier Phrasen hören, wo die Klangstäbe die Melodie markieren. In der folgenden Grafik können Sie die Stellung der Akzente sehen.

Teil C:

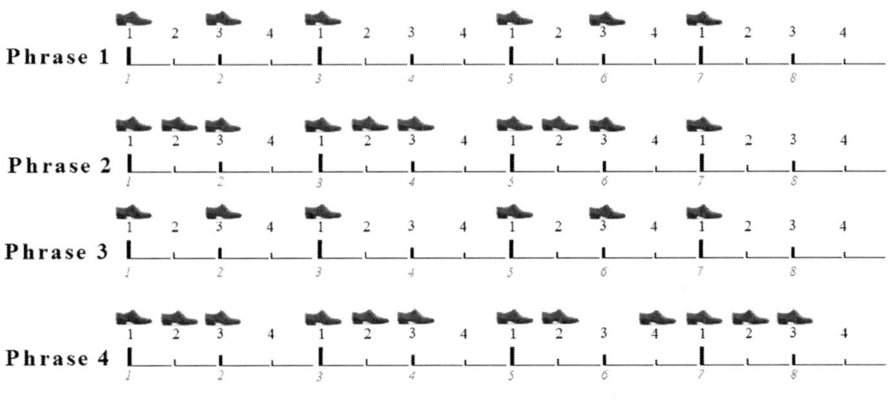

Gehen Sie zu Teil C. Die Klangstäbe helfen Ihnen dabei. Wenn Sie sich sicher fühlen, tanzen Sie Teil C, erst allein und dann mit ihrem Partner.

Sehen Sie sich Video 4-9 an und vergleichen Sie ihr Gehen und Tanzen mit dem des Paares im Video.

Hören Sie Audio 19-9. Sie werden den gesamten Tango mit markierten Betonungen hören. Denken Sie daran: dieser Tango ist regelmäßig und wird traditionell gespielt, A-B-A-C-A , daher wird Teil A dreimal gespielt. Üben Sie den gesamten Tango zusammenhängend, zuerst gehend, dann tanzend.

Hören Sie Audio 6-9. Sie werden den gesamten Tango ohne Markierung des Klangstäbe hören. Gehen und tanzen Sie ohne die Hilfe, zuerst allein und dann mit ihrem Partner.

Sehen Sie sich Video 5-9 an, wo die Tänzer zu der Musik improvisieren entsprechend den Ergebnissen der Analyse der Form und Struktur, die wir in diesem Kapitel gemacht haben. Probieren Sie zu gehen und danach den ganzen Tango zu tanzen, zuerst allein und anschließend mit ihren Tanzpartner.

Neben diesen regelmäßigen Strukturen gibt es auch unregelmäßige Tangos, die eine andere Anzahl von Phrasen haben, oder deren Phrasen kürzer oder länger als acht einfache Schritte sind.

Wie bereits beschrieben, existiert auch eine andere Form, der „Tango Canción“ mit nur zwei Teilen – A und B. Diese erkennt man, weil er gesungen wird, während die dreiteilige Rondoform instrumental ist. Aber auch hier ist die große Mehrheit regelmäßig. Die Musik wird den spezifischen Rhythmus einer Phrase während der gesamten Phrase beibehalten. Die rhythmischen Veränderungen tauchen üblicherweise mit einer neuen Phrase oder nach zwei kompletten Phrasen auf.

Neben den rhythmischen Veränderungen passiert es sehr häufig, dass sich auch die Tonarten mit den Teilen abwechseln. Wenn einer der Teile in Dur ist – eher fröhlich oder triumphierend – dann ist der andere Teil wahrscheinlich in Moll – eher traurig, nostalgisch oder tragisch.

Bei der Planung einer Choreographie ist es von größter Bedeutung, die Form und Struktur eines Tangos zu kennen. Wir werden uns im Kapitel 15 damit beschäftigen, dieses Wissen bei der Choreographie-Planung anzuwenden.

Kapitel 10: Synkopen

Zur Betrachtung der Synkope werden wir bewusst ihre akademische Definition vermeiden und eine sehr einfache graphische Beschreibung benutzen, die es uns erlaubt, ihr Wesen zu verstehen, ohne uns mit der Komplexität ihrer musikalischen Definition zu beschäftigen. Dafür verwenden wir den Vergleich mit dem Milonga-Rhythmus, dem umgekehrten Fall der Synkope.

In Kapitel 1 haben wir die Definition eines "festen rhythmischen Musters" behandelt, und wir haben das Rhythmus-Muster der Milonga analysiert. Zur Erinnerung: Der Milonga-Rhythmus basiert auf einer Zweiteilung, wobei die zwei Zählzeiten wie folgt verteilt sind:

Die erste Zählzeit ist unregelmäßig, die zweite regelmäßig unterteilt. Wir hatten uns dies mit Hilfe von Münzen verdeutlicht: wenn jede dieser beiden Zählzeiten einem Euro entspricht, dann ist der erste Euro in 75 Cent und 25 Cent unterteilt und der zweite Euro in zwei Münzen zu je 50 Cent - vergleiche hierzu die Beschreibung des Milonga-Rhythmus in Kapitel 1:

Milonga

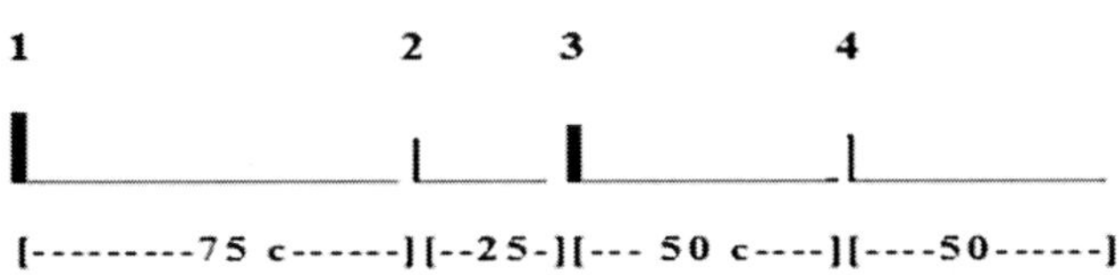

Die gebräuchlichste Synkope im Tango ist die Umkehrung der zwei Münzen in der *ersten* Hälfte. Das heißt, wir haben zuerst die 25 Cent und danach die 75 Cent. Deshalb kommt der zweite Schlag gleichsam sofort nach dem ersten, genau zwischen der ersten und zweiten Zählzeit.

Übertragen wir diese Erklärung auf den Tango mit seinem vierteiligen Grundschlag: Wie wir in der Abbildung mit den Zählzeiten sehen, kommt der zweite Schlag zwischen der ersten und zweiten Zeit der vier regelmäßigen Zeiten des Tangos. Das bedeutet, dass sowohl der erste als auch der zweite Schlag in die erste Zählzeit fällt. Beide sind betont, und so ergibt sich das folgende Modell:

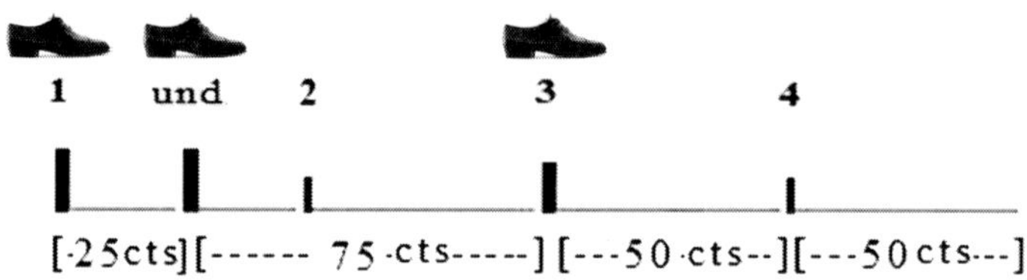

Sowohl die erste Zählzeit, als auch die Synkope – zwischen der ersten und zweiten Zählzeit – sind betont. Die zweite Zählzeit wird nicht gespielt. Die dritte Zählzeit erhält die übliche Betonung. Die Synkope, die wir hier analysiert haben – sie ist nicht die einzige, aber die gewöhnlichste – hat also drei Betonungen: die erste Zählzeit, die Synkope zwischen erster und zweiter Zählzeit und die dritte Zählzeit.

Wenn wir die beiden Abbildungen, die der Synkope und die der Verdoppelung miteinander vergleichen, können wir klar sehen, dass die Synkope keine Verdoppelung ist, denn:

A: sie ist doppelt so schnell wie eine Verdoppelung

B: sie hat zwei Betonungen am Anfang – die der ersten Zählzeit und die der Synkope – plus die normale Betonung der dritten Zählzeit, insgesamt also drei Akzente. Die Verdoppelung hat nur zwei Akzente, nämlich die erste und die dritte Zählzeit.

C: Der Extra-Schritt auf der zweiten oder vierten Zählzeit, den wir bei der Verdoppelung hinzugefügt haben, ist nicht betont. Demgegenüber ist der Extra-Schritt bei der Synkope betont, nämlich die Synkope zwischen der ersten und zweiten Zählzeit. Deshalb dürfen wir die Verdoppelung und die Synkope nicht miteinander verwechseln.

Vergleichen wir jetzt aber die Skizze zur Milonga mit der der Synkope, dann können wir sehen, dass auch der Rhythmus der Milonga-Habanera keine Synkope ist. Merken Sie sich, dass die Synkope der umgekehrte Fall der

Milonga ist, weil die unregelmäßige Unterteilung der ersten Zählzeit umgekehrt ist (75% - 25% in der Milonga, 25% - 75% bei der Synkope), deshalb: Wir dürfen nicht den Fehler machen, den Milonga-Rhythmus mit einer Synkope zu verwechseln.

Betrachten wir das Diagramm:

Synkope

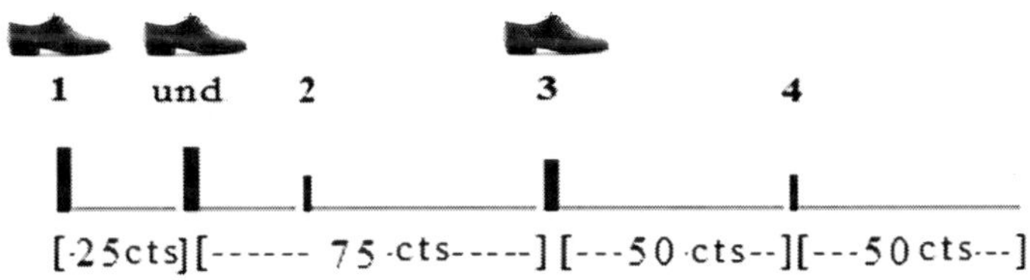

Verdoppelung

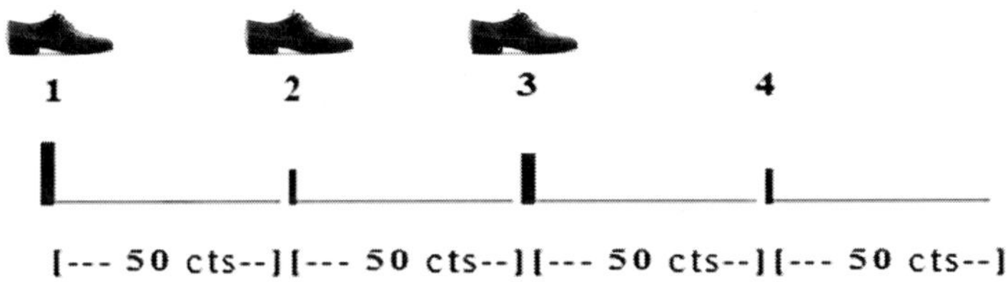

regelmäßige Milonga traspié

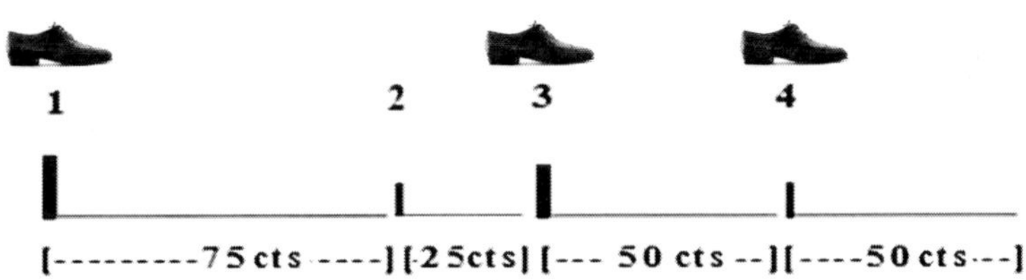

unregelmäßige Milonga traspié

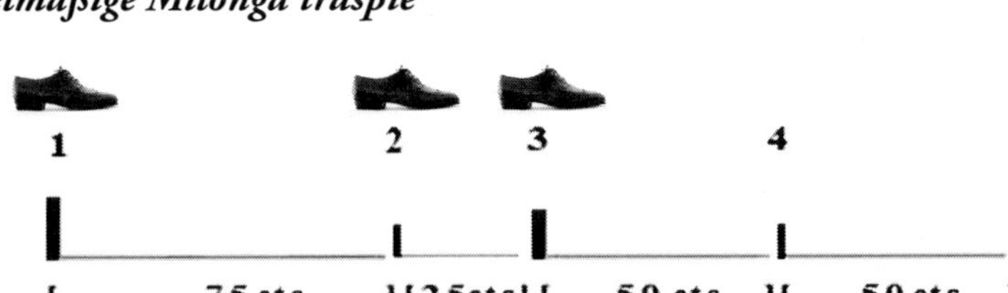

Das ist nicht die einzige Möglichkeit für eine Synkope. Wir können auch auf der dritten Zählzeit Synkopen finden:

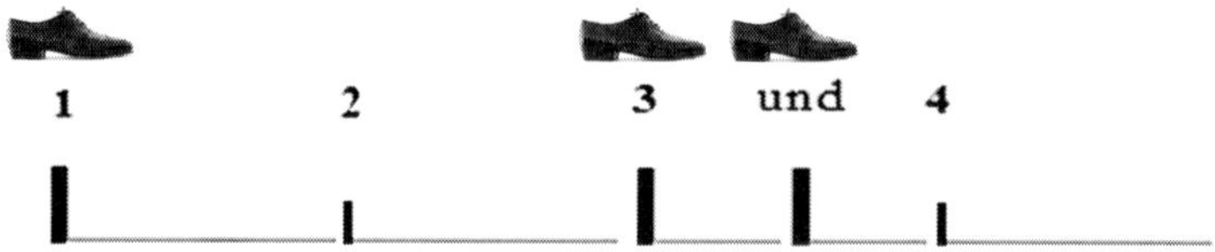

Auch können andauernde Synkopen über der ersten und dritten Zählzeit aufeinander folgend auftreten:

Hörübungen: Erkennen der Synkopen

🎧 Übung 1: Hören Sie aufmerksam Audio 1-10, in dem Klangstäbe die vier Zeiten markieren und ein Bandoneón die Synkope spielt.

🎧 Übung 2: Hören Sie jetzt Audio 2-10, in dem ein Orchester eine Phrase mit Synkope spielt und die Klangstäbe die Synkope markieren, um Ihnen zu helfen, sie zu hören.

🎧 Übung 3: Hören Sie jetzt Audio 3-10 mit der gleichen Phrase, aber ohne die Klangstäbe.

🎧 Übung 4: Hören Sie Audio 4-10, wo es eine Serie aufeinandender folgender Synkopen auf der ersten und dritten Zählzeit gibt.

Wiederholen Sie diese vier Übungen, bis Sie den Synkopen-Rhythmus sicher erkennen.

Wie drücken wir die Synkope im Tanz aus?

Die Synkope bewirkt eine Energiezunahme beim Setzen des Schrittes, weil, wie wir gesehen haben, zwei Betonungen direkt aufeinander folgen. Wir können die Synkope dadurch körperlich ausdrücken, dass wir den Schritt auf der ersten

Zählzeit mit mehr Energie setzen, oder wir können einen zusätzlichen Schritt oder eine Verzierung auf dem zweiten Akzent zwischen der ersten und zweiten Zählzeit hinzufügen.

In unserem Vier-Zählzeiten-System können wir die Synkope einfach zählen, indem wir sagen: 1 und 2—3—4— , wobei das “und” die Synkope darstellt.

Übung 5: Hören Sie jetzt Audio 5-10, und Sie werden die Zunahme der Energie spüren, wenn die Synkope auftritt. Sie können den Wechsel von der ersten Phrase, die einen ruhigen und weichen Charakter hat, hin zur zweiten Phrase hören, die mit dem Auftreten der Synkope viel stärker wird und mit Energie aufgeladen ist. Deshalb lässt sich die Synkope im Tanz darstellen, indem man einfach an den Stellen, wo Synkopen vorkommen, die Schritte mit mehr Energie tanzt, oder dort einen zusätzlichen Schritt oder eine Verzierung macht.

Es ist üblich, diese energiereichere Attitüde an Stellen hochgespielt zu sehen, an denen es in der Musik absolut keine Entsprechung dafür gibt, und da scheint sie übertrieben. Wir sollten jedoch an den Stellen mehr Energie in unsere Schritte legen, an denen auch die musikalische Energie erhöht wird, so dass die Erhöhung der dynamischen Energie mit der Musik übereinstimmt.

Dieser Typ der Synkope ist eine Möglichkeit der Zunahme der Energie, aber er ist nicht die einzige. Es hängt vom Stil des Orchesters ab, und man kann solche Stellen auch auf den einfachen Zählzeiten oder auf der ersten und dritten Zählzeit finden, zum Beispiel beim Orchester von Osvaldo Pugliese in der zweiten Hälfte der 50er Jahre.

Übungen

Übung 6: Hören Sie noch einmal Audio 6-10, in dem das Bandoneón allein den synkopierten Ryhthmus spielt. Schlagen Sie mit Ihren Händen auf Ihre Hüften gleichzeitig mit dem Bandoneón, um den Synkopen-Rhythmus im Körper zu spüren.

Übung 7: Hören Sie Audio 7-10, in dem die Synkopen durch ein hinzugefügtes Bandoneón verstärkt werden, um das Erkennen zu erleichtern.

Übung 8: Hören Sie jetzt Audio 8-10 mit der Originalaufnahme ohne das Bandoneón und versuchen Sie die Synkope wahrzunehmen. Markieren Sie sie durch Mitschlagen der Hände auf die Hüften.

Übung 9: Sehen Sie sich Video 1-10 an, wie die Tänzer die Schritte mit mehr Energie gehen, wenn die Synkope kommt, es aber nicht mehr tun, wenn die Musik zum normalen Vierer-Rhythmus zurückkehrt.
Im Anschluss an diese Übung machen Sie das Gleiche, was Sie im Video gesehen haben, mit Audio 7-10 und danach mit Audio 8-10. Versuchen Sie die Zunahme der Energie in der Musik zu fühlen, wenn Sie Ihre Schritte in Übereinstimmung mit ihr tanzen.

Übung 10- Sehen Sie sich Video 2-10 an, wo das Tanzpaar einen Extraschritt zur Synkope macht und kopieren Sie den Schritt, den Sie im ersten Teil des Videos sehen, in dem die Tänzer gehen. Danach machen Sie die Übung, indem Sie Audio 2-10 hören und mit normalen Schritten gehen, bis die Synkope erscheint und Sie den Schritt aus dem Video machen, um danach, wenn die Synkope wieder verschwunden ist, zu den einfachen Gehschritten zurückzukehren. Danach wiederholen Sie die gleiche Übung mit Audio 3-10.

Wiederholen Sie mehrere Male die Übungen 6 bis 9. Wenn Sie alle praktischen Übungen sicher beherrschen, machen Sie sie zusammen mit Ihrem Tanzpartner, zuerst gehend, dann tanzend. Sie können die Schritte des Videos kopieren oder irgendwelche anderen probieren.

Machen Sie die gleichen Übungen mit Audio 9-10 und Audio 10-10, in dem die Synkope mit dem Kontrabass gespielt wird, zuerst unterstützt vom Bandoneón und später den Originaltango.

Kapitel 11: Der 3-3-2er-Rhythmus

Der 3-3-2er-Rhythmus ist ein Spezialfall der Synkope. Es ist ein festes Rhythmusmuster, das wir im Tango und in der Milonga finden. Um dieses Rhythmusmuster zu analysieren, nehmen wir als Ausgangspunkt eine Zählung auf der Grundlage von zwei Zählzeiten, wie wir es auch im Falle der Milonga getan haben. Aber anstatt eine Unterteilung des Rhythmusmusters der Milonga zu machen, wie wir es in Kapitel 1 analysiert haben, werden wir jede dieser zwei Zählzeiten in vier gleiche Teile teilen. Das Ergebnis ist eine Reihe von acht Schlägen gleicher Dauer.

Das Zählen der Basis mit zwei Schlägen

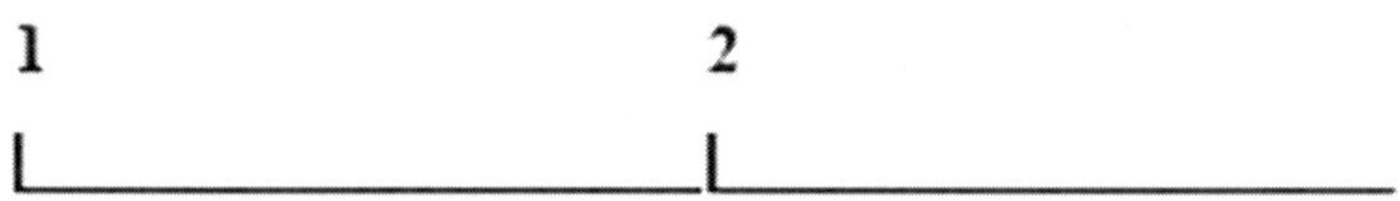

Jede Zählzeit in vier Tiele unterteilt

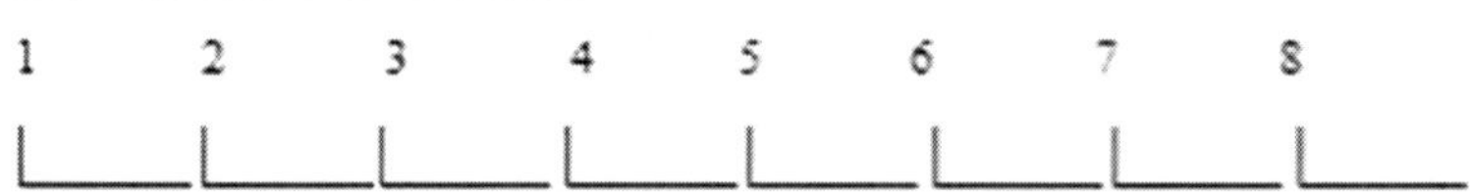

Nehmen wir jetzt die acht Zählzeiten, die sich durch die Unterteilung der zwei ursprünglichen ergeben. Wenn wir von diesen acht Zählzeiten, die wir durch die neue Unterteilung erhalten haben, jede dritte betonen, bekommen wir zwei Gruppen von drei und die letzte von zwei - von daher kommt der Name 3-3-2, es ist die Anzahl der aus der Unterteilung resultierenden Zählzeiten, die jede dieser Gruppen hat, die mit einem Akzent beginnt - mit den Betonungen auf der ersten, vierten und siebten Zählzeit der Unterteilung.

Stellung der Akzente (>= Akzent)

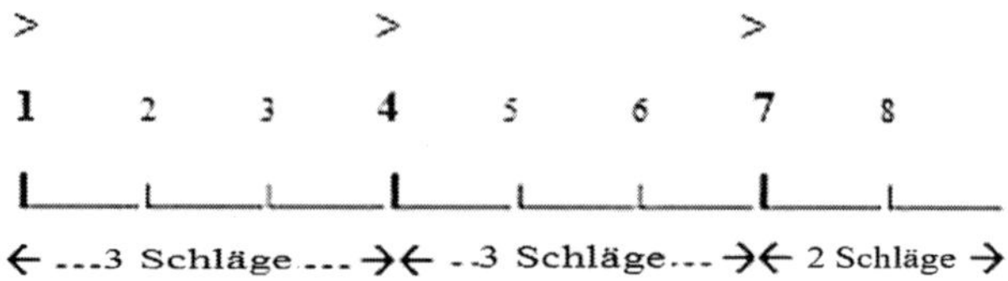

Das Ergebnis ist ein unregelmäßiges Rhythmusmuster: der letzte Teil mit den zwei Schlägen ist kürzer als die ersten zwei, die drei Zählzeiten haben. Außerdem hat der 3-3-2er-Rhythmus, anders als der normale Tango – jener hat zwei Betonungen, eine starke auf der ersten und eine etwas schwächere auf der dritten Zählzeit – , drei Betonungen, und zwar auf der ersten, vierten und siebten Zählzeit.

Das Zählen der Basis mit zwei Schlägen

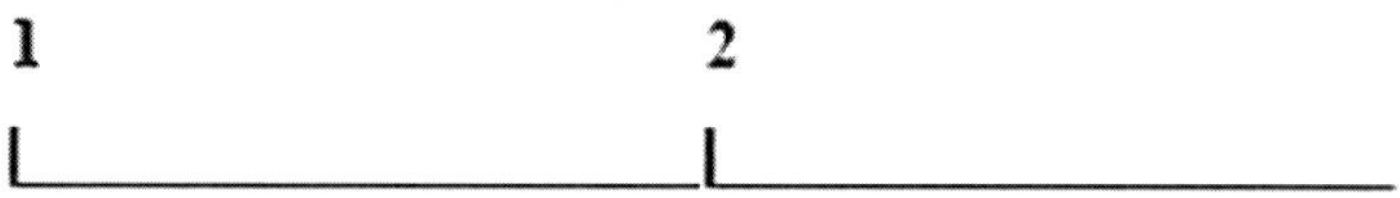

Jede Zählzeit in vier Tiele unterteilt

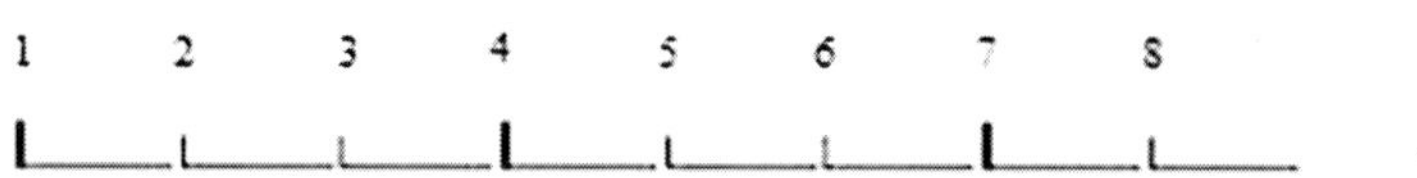

Das Stellen der Schritte mit den Akzenten

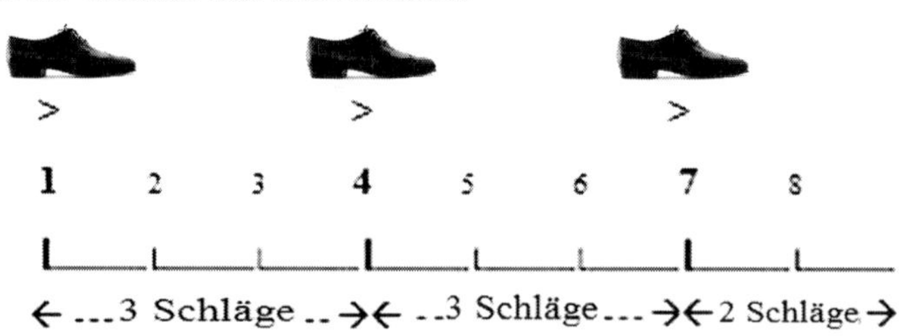

Sehen wir uns die Graphik an: Die Nummern 1 und 2, die weiter oben stehen, sind die zwei Zeiten der ursprünglichen Zählzeiten, die wir in je vier Teile unterteilt haben. Die acht Markierungen, die die Nummern 1 bis 8 tragen, sind die acht Zählzeiten, die von der Unterteilung her kommen. Die Markierungen, die die großen Nummern tragen, sind die Betonungen. An diesen Stellen setzen wir unsere Schritte, wenn wir diesen Rhythmus tanzen.

🎧 Hören Sie aufmerksam Audio 1-11 und betrachten Sie dabei das Diagramm. Sie werden hören:

A: die zwei Schläge, die die zwei ursprünglichen Zählzeiten repräsentieren, danach,
B: die Unterteilung dieser ursprünglich zwei Zählzeiten in je vier, so dass sich acht gleichmäßige Schläge ergeben,
C: die Betonungen der Schläge eins, vier und sieben gemäß der Graphik
D: einen Teil eines Musikstücks, um hören zu können, wie der von uns analysierte Rhythmus ausgeführt wird.

Hören Sie diese Beispiele so lange, bis sie die Verteilung der Betonungen im 3-3-2er-Rhythmus ganz klar erkennen, bevor Sie fortfahren.

Jetzt, wo wir den 3-3-2er-Rhythmus erkennen können, arbeiten wir mit diesem Rhythmus

Wir werden dafür die Namen zweier lateinamerikanischer Länder benutzen - wie es auch beim Unterrichten des Salsa-Rhythmus gemacht wird, weil im ersten Teil des Clave-Rhythmus in der Salsa ebenfalls ein 3-3-2er-Rhythmus vorkommt, wobei der zweite Teil aber variiert. Bei der Unterrichtung des Salsa-Rhythmus werden die Worte "Panama", "Colombia" und "Cuba" benutzt, aber in manchen europäischen Sprachen kann "Columbia" zu Schwierigkeiten führen, weil es nicht einfach zu sagen ist, so dass es unnötigerweise Konzentrationsprobleme verursachen kann. Deshalb wiederholen wir das Wort "Panama", und wir sagen: Pá-na-ma-Pá-na-ma-Cú-ba. Panama hat drei Silben und Cuba nur zwei. Wenn wir diese Worte sagen, betonen wir die erste Silbe jedes Wortes.

Wichtig:

A: Alle Silben müssen beim Sprechen gleich lang dauern. Wenn sie nicht gleichmäßig sind, funktioniert es nicht, weil die acht Teile gleichmäßig sind.
B: Es dürfen keine Pausen zwischen "Cuba" und "Panama" entstehen:

Pá – na – ma – **Pá** – na – ma – **Cú** – ba – **Pá** – na – ma – **Pá** – na – ma – **Cú** – ba – **Pá** – na – ma .....usw. muss eine ununterbrochene Linie ohne Lücken zwischen den Silben und mit exakt gleichen Silbenlängen ergeben.

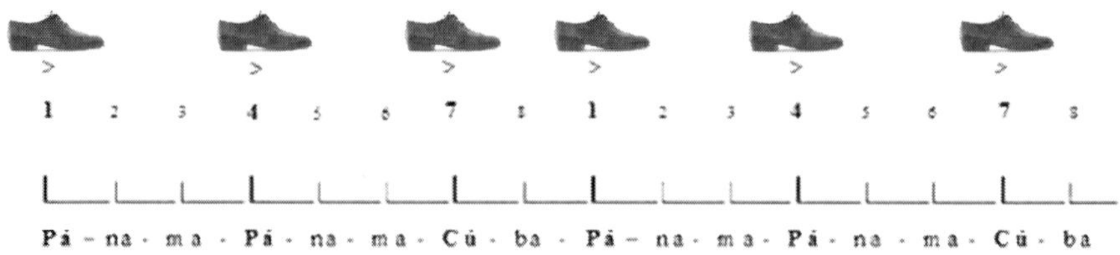

Übungen

🎧 Übung 1: Auf dem Platz und ohne zu gehen, hören Sie die Musik von Audio 2-11 und schlagen mit Ihren Handflächen die erste, zweite und dritte Betonung auf den Hüften mit, gleichzeitig mit den Klangstäben, und sprechen dabei die Worte: Pá-na-ma-Pá-na-ma-Cú-ba-Pá-na-ma-usw. Die erste Silbe jedes Wortes muss dabei gleichzeitig mit dem Schlag zusammentreffen.

Noch einmal: Sie müssen die Worte auf der ersten Silbe betonen, jede Silbe dauert gleich lang, und es gibt keine Pause nach "Cuba", sonst funktioniert diese mnemotechnische Methode nicht.

🎧 Übung 2: Wenn Sie sicher die richtigen Stellen der Schläge auf den Betonungen in Audio 2-11 hören, gehen sie, laut die Worte "Pánama" usw. sagend, einen Vorwärtsschritt, wenn Sie die Silbe "Pa" sagen, den nächsten Vorwärtsschritt auf der zweiten Betonung wieder auf der Silbe "Pa" des zweiten Wortes, und wenn Sie mit der dritten Betonung die Silbe "Cu" von Cuba sagen, stellen Sie die Füße zusammen und verlagern das Gewicht.

🎧 Übung 3: Machen Sie die gleiche Übung mit Audio 3-11. Obwohl die Stimme in der Aufnahme aufhört, müssen sie die Silben weiter sprechen.

👁 Sehen Sie sich aufmerksam Video 1-11 an, wo ein Tanzpaar die Übung macht, um sicher zu sein, dass Sie sie korrekt machen.

🎧 Übung 4: Wenn Sie Übung 2 und 3 mehrere Male gemacht haben, machen Sie das Gleiche mit Audio 4-11, das beide Beispiele hintereinander ohne Klangstäbe, aber mit den Worten Pa-na-ma usw. hat. Obwohl die Stimme in der Aufnahme aufhört, müssen sie die Silben weiter sprechen.

🎧 Übung 5: Wenn Sie sich sicher fühlen, die Übung richtig allein machen zu können, machen Sie sie mit ihrem Tanzpartner mit Hilfe von Audio 4-11.

Fühlen Sie sich noch nicht sicher, kehren Sie zu Audio 2-11 und Audio 3-11 zurück, wo die Klangstäbe Ihnen helfen, die Betonungen zu lokalisieren und arbeiten Sie mit ihrem Tanzpartner. Fangen Sie mit den Klangstäben an, und wenn Sie es gut machen können, gehen Sie weiter ohne die Hilfe der Klangstäbe.

Sehen Sie sich noch einmal Video 1-11 an, um sicher zu sein, dass Sie die Übung richtig machen.

Wenn Sie die Arbeit beendet haben, wiederholen Sie die Übungen 1 bis 5 mit Audio 5-11 und Audio 6-11, auf denen Sie Beispiele mit und ohne Klangstäbe finden, um anzuwenden, was Sie gelernt haben. Am Anfang hören Sie die Stimme mit „Panama" usw., um Ihnen zu helfen, den Anfang der Serie zu finden. Später hört die Stimme auf, aber Sie sollten damit fortfahren, die Silben zu sprechen, weil es eine große Hilfe für Ihre Praxis ist. In Audio 6-11 können Sie aber auch der Bandoneónmelodie anstatt dem 3-3-2er–Rhythmus folgen, wenn sie Ihnen näher liegt.

Arbeiten Sie zuerst immer allein, und erst wenn Sie die Übungen richtig machen können, arbeiten Sie mit ihrem Tanzpartner. Nur wenn Sie diese Übungen wiederholt haben, gehen Sie weiter zum „3-3-2er-Rhythmus im traditionellen Tango".

Der 3-3-2er-Rhythmus im traditionellen Tango

Im traditionellen Tango ist es schwieriger, die 3-3-2er-Synkope zu erkennen, weil sie dort nur kurz erscheint, normalerweise nur eine halbe Phrase mit vier einfachen Schritten oder eine Phrase mit acht einfachen Schritten, deswegen ist es schwierig, sie zu tanzen, wenn wir nicht vorher die Orchesterfassung des Tangos genau kennen.

Übung 6: Hören Sie Audio 7-11 mehrere Male, bis Sie sich daran gewöhnt haben, wie der Rhythmus in der Musik ausführt wird. Ein Kontrabass, das Klavier und ein Bandoneón spielen hier den 3-3-2er-Rhythmus das erste Mal, ein Schlag auf dem Holz der Geige – wie im Orchesterspiel des Tangos üblich - und des Contrabasses das zweite Mal.

Übung 7: Um den Kontrabass gut zu erkennen, hören Sie jetzt Audio 8-11, wo der Kontrabass die 3-3-2er-Synkope spielt, zuerst mit Klangstäben, dann ohne. Sie müssen nichts tun außer mehrere Male zuzuhören, bis Sie sich den 3-3-2er-Rhythmus des Kontrabasses eingeprägt haben.

🎧 Übung 8: Mit Audio 8-11 schlagen Sie mit den Händen auf ihre Hüften zusammen mit den Klangstäben, wenn Sie die drei Schläge des 3-3-2er-Rhythmus erkennen. Mit Schritten am Platz markieren Sie die Stellen der Schläge und sagen dabei die mnemotechnischen Silben Pánama Pánama Cuba wie die Stimme in der Aufnahme. Sie werden bemerken, dass nach einigen Wiederholungen die Stimme verschwunden sein wird, so dass Sie jetzt die Worte allein ohne Hilfe sagen. Markieren sie den Rhythmus mit Schritten am Platz – ohne zu gehen – auf jeder betonten Silbe.

🎧 Übung 9: Mit Audio 8-11 gehen Sie jetzt mit dem 3-3-2er-Rhythmus und sprechen Sie dabei die Silben Pá-na-ma- Pá-na-ma usw. Benutzen Sie die Schritte, die das Tanzpaar in Video 1-11 benutzt: einen Schritt auf Pá, den nächsten auf das zweite Pá, und auf Cú stellen Sie die Füße zusammen und wechseln das Gewicht.

Wenn Sie diese vier Übungen 6 bis 9 richtig gemacht haben, wiederholen Sie die vier Übungen mit Audio 9-11 und Audio 10-11. Wenn Sie sie schon einige Male gemacht haben, können Sie jetzt zu Audio 8-11, Audio 9-11 und Audio 10-11 tanzen.

👁 Sehen Sie sich Video 2-11 an, in dem ein Tanzpaar in einem traditionellen Tango die 3-3-2er-Synkope improvisiert.

Die Schritte

Man kann fast alle Tangoschritte auf den 3-3-2er-Rhythmus anwenden, nur müssen sie an die unregelmäßigen Betonungen dieses Rhythmusmodells angepasst werden.

In Kapitel 3: Doppelschritt oder Verdoppelung haben wir gezeigt, wie wir in der regelmäßigen Verdoppelung drei Schritte für jede Gruppe von vier Zählzeiten machen, entweder auf der ersten, zweiten und dritten Zählzeit oder auf der ersten, dritten und vierten, aber in beiden Fällen sind es drei Schritte. Weil auch der 3-3-2er-Rhythmus drei Betonungen hat, passen alle Schritte für die regelmäßige Verdoppelung wie *Ocho cortado, cunita usw.* gut zur 3-3-2er-Synkope.

Probieren Sie alle diese Schritte, die Sie normalerweise für Verdoppelung benutzen, mit der 3-3-2er-Synkope zu tanzen. Wenn Sie es machen, sagen Sie anfangs immer die Worte Pa-na-ma usw.

Aber nicht nur diese Schritte passen gut mit dem 3-3-2er-Rhythmus zusammen, jede Figur oder Bewegungseinheit kann man zu diesem Muster ausführen, nur die sehr langsamen Figuren sind schwieriger zu übertragen.

Ein wenig Geschichte: Zum Ursprung des 3-3-2er-Rhythmus

Der so genannte "3-3-2er" ist ein festes rhythmisches Muster, das sich in der Musik vieler und verschiedener Kulturen in unterschiedlichen Epochen findet: in der arabischen Musik, in verschiedenen Regionen Afrikas, des Balkans usw., deshalb ist es sehr schwierig, ja sogar unmöglich, seinen genauen Ursprung zu bestimmen. Man kann den Weg zurückverfolgen, wie dieser Rhythmus Eingang in den Tango gefunden hat. Es beginnt mit der arabischen Invasion Spaniens am Anfang der ersten Hälfte des achten Jahrhunderts, als die Araber diesen Rhythmus zusammen mit dem Habanera-Milonga-Rhythmus auf die iberische Halbinsel bringen.

🎧 Hören Sie Audio 11-11 mit arabischer Musik, die den 3-3-2er enthält.

🎧 Hören Sie Audio 12-11 mit Flamenco-Musik, die den 3-3-2er enthält.

Nach achthundert Jahren Verweildauer in Spanien kommt er mit den spanischen Eroberern am Ende des 15. Jahrhunderts nach Amerika. Man kann ihn heute in vielen musikalischen Formen in Lateinamerika finden, so zum Beispiel in der „Clave“ der Salsa - wobei dieses Muster dort eine längere Einheit bildet, aber die erste Hälfte entspricht dem 3-3-2er-Muster - ,in der *Candombe* und anderen Tänzen.

In Argentinien findet er sich in der Volksmusik des Nordostens in der *Rasguido Doble*, im Gebiet der Provinz Buenos Aires und La Pampa in der *Milonga campera*. Diese *Milonga campera* ist, früher als der Tango und die *milonga porteña*, eine musikalische Form mit einer instrumentalen Einleitung und einem gesungenen Teil mit einer sehr einfachen Melodie, dessen Ziel es ist, die Worte des Gedichts zu unterstützen. Das Wichtige ist nicht die Melodie, sondern der gesungene Text. Die instrumentale Einleitung und die Gesangsteile wechseln sich das ganze Gedicht hindurch ab. In der Instrumentaleinleitung ist die Unterteilung der zwei Grundschläge in acht Teile so akzentuiert wie im 3-3-2er-Modell.

🎧 Hören Sie hierzu Audio 13-11. Die Musik ist ein Ausschnitt aus einer Milonga campera. Sie werden die 3-3-2er-Betonungen in der Gitarrenstimme hören.

Das ist der unmittelbare Vorläufer des "3-3-2er" im Tango.

Wie wir sehen, dauert der 3-3-2er-Rhythmus in der Milonga campera nur eine oder zwei Phrasen lang. Wenn der gesungene Teil beginnt, wechselt sie zum traditionellen Rhythmus der Milonga-Habanera. So ist es auch im traditionellen Tango, wo die 3-3-2er-Synkope im Allgemeinen nur eine halbe oder eine Phrase lang dauert.

Mit der späteren Verschleppung der Sklaven aus Afrika an den Rio de la Plata wird die Milonga mit Perkussionsinstrumenten begleitet, und der 3-3-2er-Rhythmus, der in den afrikanischen Gemeinschaften schon bekannt gewesen ist, wird gleichzeitig mit dem Milonga-Habanera-Rhythmus und anderen Typen von Unterteilungen gespielt, die schließlich die Candombe hervorbringen, aber das ist ein späteres Phänomen.

Die Ankunft des Milonga-Rhythmus und des 3-3-2er-Rhythmus in Amerika vollzog sich mit der spanischen Invasion 1492. Tatsächlich existiert die milonga andaluza, die ein freier Sprechgesang über einer Gitarrenbegleitung ohne festes Metrum ist. Der erste Zustrom der schwarzen Bevölkerung an den Rio de la Plata findet 1588 statt und stellt ein sehr wichtiges Phänomen bis 1600 dar. Aber der 3-3-2er-Rhythmus und der Milongarhythmus waren schon 100 Jahre vorher in Amerika. Das Werk des argentinischen Musikwissenschaftlers Carlos Vega wartet mit reichlich vorhandenen Informationen diesbezüglich auf. Der Tango resultiert dann in einem Zusammenschluss der *Milonga campera* mit der aus Europa mitgebrachten Musik in der zweiten Hälfte des 19. Jahrhunderts.

Von der Milonga aus geht der 3-3-2er in den traditionellen Tango über. Im Tango erscheint er als eine rhythmische Variante des regulären vierteiligen Rhythmus, die im Allgemeinen nicht länger als eine halbe oder ganze musikalische Phrase dauert - für die Dauer von vier oder acht einfachen Schritten.

🎧 Im Audio 8-11, 9-11 und 10-11 können Sie die 3-3-2er-Synkope in traditionellen Tangos hören.

Astor Piazolla wird anfangs diese Form - eine Dauer von einer halben oder ganzen Phrase - um 1946 mit seinem Orquesta Típica benutzen, in seinen späteren Schaffensperioden aber dieses Muster als ein festes Rhythmus-Modell auf große Teile seiner Stücke übertragen, wie es zum Beispiel der Fall bei *Libertango* oder *Meditango* ist.

Die Benutzung dieses Rhythmus wird charakteristisch für eine Periode in der Musik von Piazolla, so dass viele glauben, er sei seine Erfindung, aber wie wir ausgeführt haben, gibt es den 3-3-2er-Rhythmus im Tango schon viel früher.

Im Ordner „MP3“ der DVD können Sie diese Tangos vollständig finden.

Kapitel 12: Der „Off-beat“ im Tango

Der Off-beat ist ein rhythmisches Element, das man in sehr vielen Musikarten findet, im Tango allerdings nicht sehr oft.

Im Off-beat verschiebt sich die Betonung von der ersten und der dritten Zählzeit auf die schwachen Zählzeiten zwei und vier, die nun betont werden. Normalerweise hat die Melodie im Off-beat keine Noten auf der ersten und dritten Zählzeit, und wenn doch, dann sind sie nicht betont. In diesem Fall spielt die Begleitung auf der ersten und dritten Zählzeit und die Melodie auf den jetzt betonten Zählzeiten zwei und vier.

Im Tanz kann man zur Begleitung gehen und die Melodie durch Verzierungen interpretieren oder umgekehrt. Oder man geht nur auf der zweiten und vierten Zählzeit und damit nur zur Melodie.

Off-beat

A: Wir gehen auf den starken Zählzeiten mit der Begleitung und tanzen Verzierungen mit dem Off-beat der Melodie:

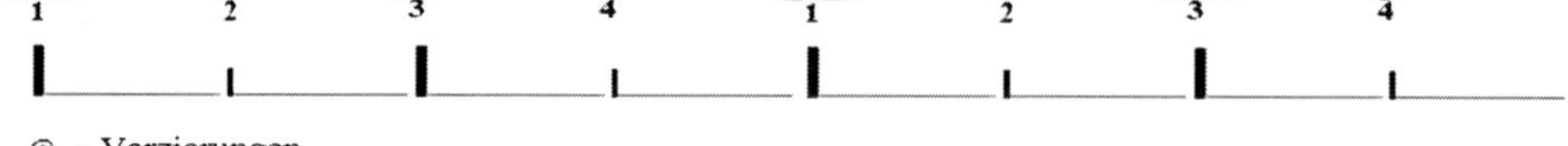

@ = Verzierungen

B: Wir gehen auf die Betonungen der Melodie auf der zweiten und vierten Zählzeit:

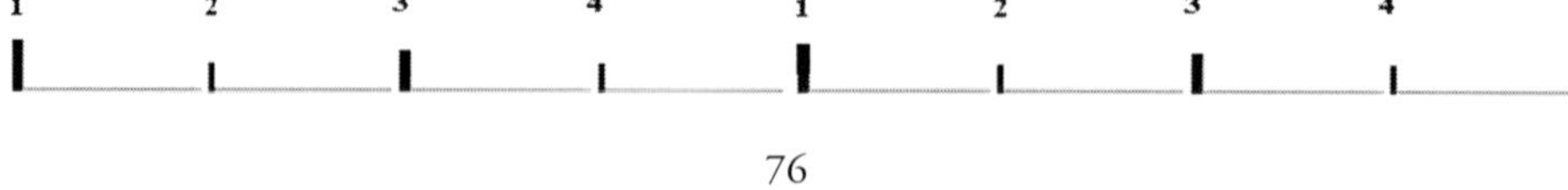

Es ist wichtig, den Off-beat zu tanzen, wenn die Musik ihn spielt. Es ist nicht nur sehr schwierig, den Off-beat zu gehen, wenn die Musik ihn nicht spielt, sondern es ist auch nicht sinnvoll, weil das nicht im Einklang mit der Musik wäre. Ziel ist es, die Teile des Tangos zu erkennen, in denen ein Off-beat gespielt wird und in der Lage zu sein, sie genau da zu tanzen, wo die Musik sie vorgibt.

Oft wird der Off-beat als Verdoppelung oder als Synkope missverstanden. Beim Off-beat geht man jedoch mit einfachen Schritten, setzt seine Schritte allerdings auf der zweiten und vierten Zählzeit.

Wenn die Begleitung auf den starken Zählzeiten spielt und die Melodie die schwachen betont und wir beim Tanzen, wie oben vorgeschlagen, alle 4 Zähl darstellen, dann ist der Abstand zwischen jedem Schritt ein einfacher Schritt und zwischen jeder Verzierung auch jeweils ein einfaches Schritt.

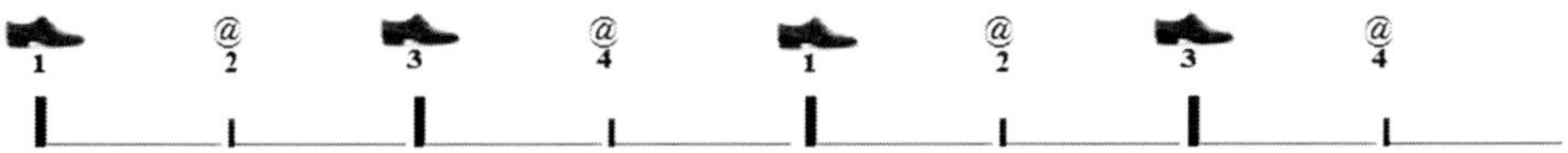

@ = Verzierungen

Bei der Synkope – vergleiche Kapitel 10 – gibt es eine Unterteilung der betonten Zählzeiten – eins und drei– und beide Teile dieser Unterteilung sind betont. Im Off-beat gibt es keine solche Unterteilung.

Darüber hinaus gibt es bei der Synkope keine Betonung auf der zweiten und vierten Zählzeit, aber im Off-beat sind genau diese Zählzeiten durch die Melodie betont.

Übungen

🎧 Übung 1: Hören Sie Audio 1-12. Die Melodie spielt den Off-beat. Beim ersten Mal mit zwei unterschiedlichen Klangstäben, die den Off-beat markieren, das zweite Mal ohne diese Klangstäbe.

👁 Übung 2: Sehen Sie sich Video 1-12 an. Das Tanzpaar geht auf der ersten und dritten Zählzeit, den die Begleitung markiert und macht eine Verzierung auf die Betonungen der zweiten und vierten Zählzeit der Melodie. Machen Sie das Gleiche wie das Tanzpaar zu Audio 1-12 mit Schritten auf der ersten und dritten Zählzeit und Verzierungen zum Off-beat auf der zweiten und vierten Zählzeit der Melodie.

Übung 3: Schauen Sie sich Video 2-12 an. Jetzt geht das Tanzpaar auf die Betonungen der zweiten und vierten Zählzeit der Melodie. Machen Sie diese Übung.

Schauen Sie sich das Video an und zählen Sie wie folgt:

[--------on- beat---------][-------off-beat-------][-------on beat------][---off beat]
1 – – 3 – – 1 – – 3 – – 1-2 – – 4 – – 2 – – 4-1– –3– –1– –3– –1-2– –4 etc.

Achten Sie darauf, dass beim Hineingehen und Herausgehen in den und aus dem Off-beat zwei Zähl eng aufeinander folgen: 1-2 und 4-1.

Beobachten Sie das Tanzpaar und versuchen Sie, die Übung zu kopieren.

Übung 4: Machen Sie die gleiche Übung mit Audio 1-12 und zählen Sie wie oben erklärt.

Übung 5: Wiederholen Sie die gleiche Übung mit Audio 2-12 und Audio 3-12, zuerst mit der Verzierung und danach mit dem Gehen zum Off-beat.

Wenn Ihnen das gut gelingt, wiederholen Sie beide Übungen mit Ihrem Tanzpartner.

Übung 6: Schauen Sie sich Video 3-12 an, in dem das Tanzpaar den Off-beat improvisiert. Versuchen Sie den Off-beat durch die Anwendung von Verzierungen oder durch Gehen zu tanzen. Wenn es Ihnen nicht gelingt, die Schritte mit dem Off-beat zu setzen, gehen Sie auf der ersten und dritten Zählzeit, den die Begleitung betont und tanzen Sie eine Verzierung mit der Melodie, die den Off-beat interpretiert.

Kapitel 13: Milonga

Wie wir in Kapitel 1 gesehen haben, basieren die meisten Tänze – im Gegensatz zum Tango – auf zwei rhythmischen Elementen:

A: einem Grundrhythmus von zwei, drei, vier oder mehr Schlägen

B: einem festen Rhythmusmuster, das durch eine Veränderung des Grundrhythmus erzeugt wird. Dieses feste Rhythmusmuster bildet den charakteristischen Rhythmus des Tanzes.

Die Milonga gehört zu dieser Art von Musik. Ihre rhythmischen Elemente sind

A: ein Grundrhythmus mit zwei Schlägen

B: ein festes Rhythmusmuster, erzeugt durch eine Unterteilung der ursprünglichen zwei Zählzeiten:

Basisrhythmus mit zwei Zählzeiten

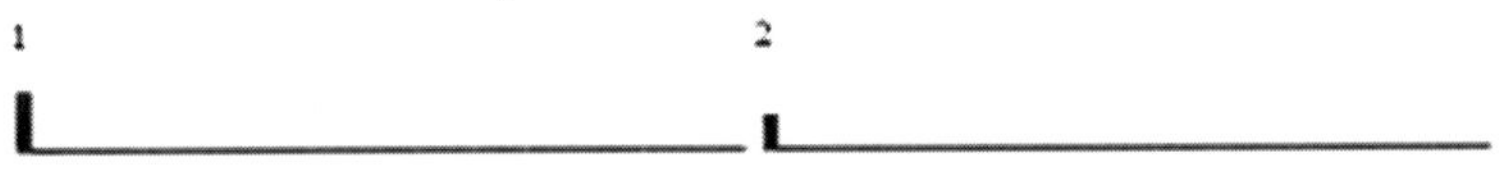

festes Rhythmusmuster der Milonga

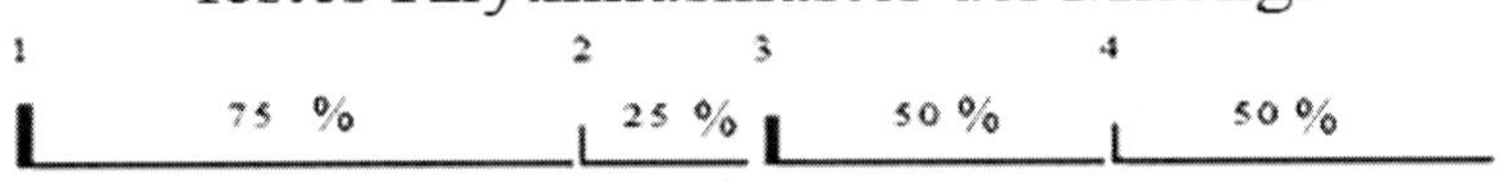

Wie man sieht, entsteht das feste Rhythmusmuster durch eine Unterteilung der ersten Hälfte des Grundrhythmus in zwei ungleiche Teile und die der zweiten in zwei gleiche Teile.

Zur Veranschaulichung betrachte man zwei Ein-Euro-Münzen und teile die erste in eine von 75 Cents und eine von 25 Cents und die zweite in zwei von jeweils 50 Cents.

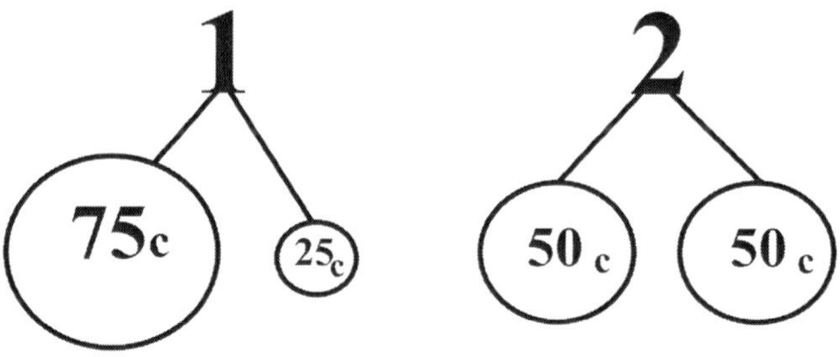

🎧 Hören Sie Audio 1-13. Es sind Klangstäbe für die zwei Zählzeiten des Grundrhythmus zu hören und dann ein zweites Paar Klangstäbe für das feste Milonga–Habanera-Rhythmusmuster gemäß der graphisch dargestellten Unterteilung.

Tanzt man die Milonga mit einfachen Schritten, dann setzt man die Schritte mit dem ersten und dritten Schlag des Grundrhythmus. Man macht also Schritte gleicher Dauer. Die ungleiche Unterteilung der ersten Hälfte des Grundrhythmus hat keine Auswirkung.

Tanzt man jedoch mit verdoppelten Schritten, oft auch Milonga *con traspié* genannt, ergeben sich Unterschiede, je nachdem, ob man die erste oder die zweite Hälfte des Rhythmusmusters der Milonga tanzt.

Betrachten wir jeden einzelnen Fall:

1. Fall

Traspié oder Doppelschritte in der zweiten Hälfte, wo die Unterteilung regelmäßig ist – 1 EURO aufgeteilt in zwei 50-Cents-Münzen:

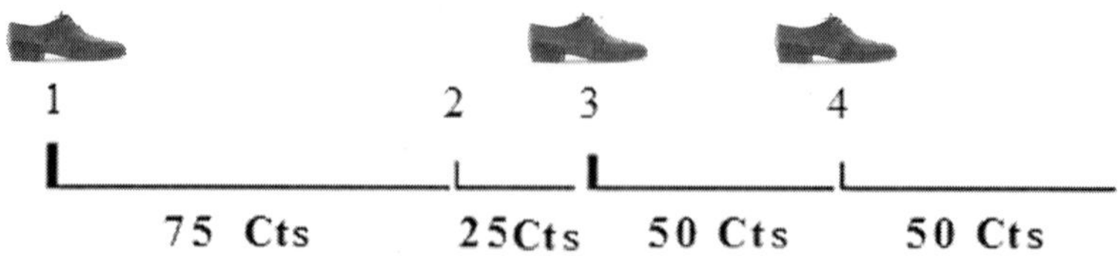

In diesem Fall setzt man die Füße genau auf der dritten und vierten Zählzeit der gleichmäßigen Unterteilung. Füße und Musik machen 1 Euro, 50 Cents, 50 Cents.

🎧 Hören Sie Audio 2-13. Ein Bandoneón spielt den Milonga-Rhythmus, und die Klangstäbe markieren die erste, dritte und vierte Zählzeit, wo man die Schritte setzt, wenn man mit Verdoppelungen tanzt.

2. Fall

Traspié oder Doppelschritte in der ersten Hälfte mit der Unterteilung in ungleiche Teile. Der zweite Schlag der Klangstäbe – Ihre Füße – ertönt vor der zweiten Zählzeit der Musik. Das erzeugt ein „Off-beat" – Gefühl, das man jedoch nur fühlen kann, wenn die Milonga langsam ist. Die Schritte erzeugen eine gleiche Unterteilung des Rhythmusintervalls – 50 Cents–50 Cents, während die Musik eine ungleiche Unterteilung erzeugt – 75 Cents–25 Cents:

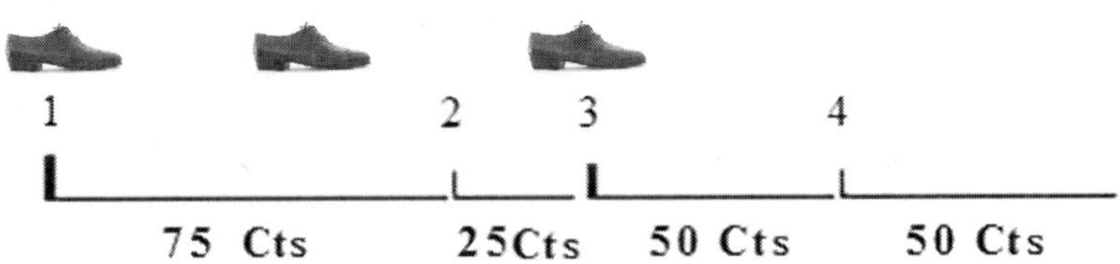

🎧 Hören Sie Audio 3-13. Ein Bandoneón spielt den Milonga-Rhythmus und die Klangstäbe die Verdoppelungen, die Ihre Schritte repräsentieren, wenn man sie in der ersten Hälfte, die ungleich aufgeteilt ist, setzt.

3. Fall

Traspié oder Verdoppelung in der ersten Hälfte. Diesmal machen die Füße und die Musik die unregelmäßige Unterteilung – 75 Cents-25 Cents. Diese Art von *Traspié* ist nur möglich, wenn die Milonga sehr langsam ist, da die Zeitspanne zwischen der zweiten und dritten Zählzeit in einer schnellen Milonga sehr kurz ist:

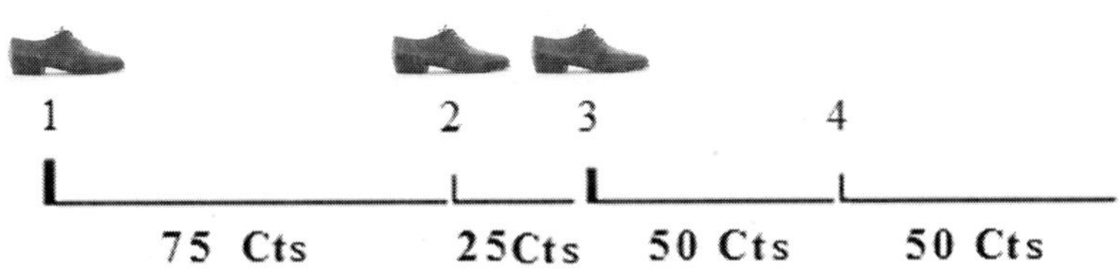

Hören Sie Audio 4-13. Ein Bandoneón spielt den Milonga-Rhythmus, die Klangstäbe markieren die erste, zweite und dritte Zählzeit, auf denen man die Schritte setzt. Die Schritte und die Musik sind synchron mit der unregelmäßigen Unterteilung.

Übungen

Übung 1: Hören Sie Audio 5-13 und setzen Sie ihre Schritte auf der ersten und dritten Zählzeit des Milonga-Rhythmus, zusammen mit den Klangstäben. Die Dauer der Schritte ist gleich. Die Unregelmäßigkeit der Unterteilung hat keinen Einfluss, da die Schritte im einfachen Schritt auf der ersten und dritten Zählzeit erfolgen – jedes Mal 1 Euro, die Cents werden nicht genutzt.

Übung 2: Wiederholen Sie mit Audio 6-13 die Übung 1, gehen Sie die Milonga mit einfachen Schritten, diesmal ohne die Hilfe der Klangstäbe.

Übung 3: Schauen Sie sich Video 1-13 an. Ein Tanzpaar geht zuerst und tanzt dann die Milonga mit einfachen Schritten. Machen Sie das Gleiche, gehen Sie zuerst und tanzen Sie dann die Milonga mit einfachen Schritten mit Audio 5-13 und danach mit Audio 6-13. Wenn Sie sich sicher fühlen, wiederholen Sie die Übung mit dem Tanzpartner.

Übung 4: Verdoppelte Schritte auf der regelmäßigen Unterteilung: 1—3-4

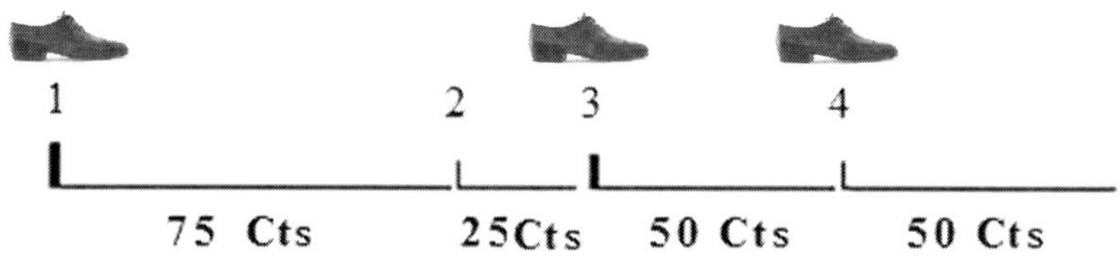

Hören Sie Audio 7-13 am Platz und markieren sie mit den Füßen die erste, dritte und vierte Zählzeit, die von den Klangstäben vorgegeben werden. Sprechen Sie dabei die Worte "eins" "drei" "vier", usw. Achten Sie auf das Zusammenfallen der Worte, Füße und Klangstäbe. Das ist der Fall, weil beides, die Füße und die Musik auf die gleichmäßige Unterteilung reagieren, nämlich auf der dritten und vierten Zählzeit.

Übung 5: Schauen Sie sich Video 2-13 an. Ein Tanzpaar geht und tanzt *traspié* auf der gleichmäßigen Unterteilung, der dritten und vierten Zählzeit. Die Klangstäbe markieren den traspié für das Setzen der Schritte. Beobachten Sie die Füße des Tanzpaars und achten Sie darauf, dass sie mit der ersten, dritten und vierten Zählzeit der Musik gesetzt werden. Führen Sie die gleiche Übung wie das Tanzpaar durch, zuerst mit Audio 7-13 und dann mit Audio 8-13. Wenn Sie sich sicher fühlen, wiederholen Sie die Übung mit dem Tanzpartner.

Übung 6: Verdoppelter Schritt oder *traspié* auf der unregelmäßigen Unterteilung: 1–2–3

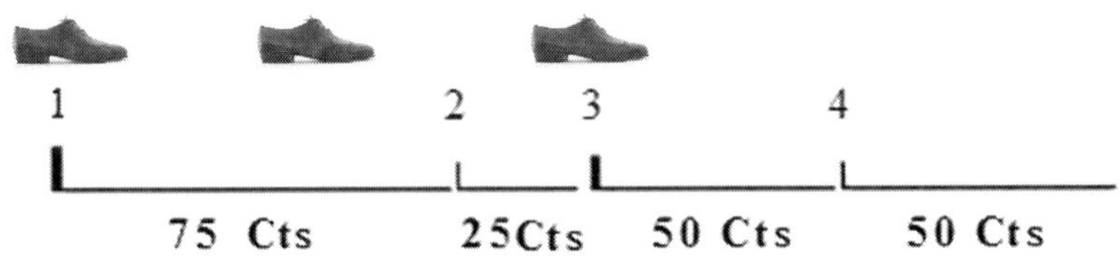

Hören Sie Audio 9-13, ohne zu gehen, und schlagen Sie mit der Hand auf die Oberschenkel, zusammen mit den Klangstäben. Dieses Mal führen Klangstäbe und Hände die gleiche gleichmäßige Unterteilung aus, im Gegensatz zur Musik, weil die verdoppelten Schritte auf der ungleichmäßigen Unterteilung liegen – 75 Cents, 25 Cents. Wenn möglich, sprechen Sie „eins", „zwei", „drei" zur Musik, während die Hände, den Klangstäben folgend, auf die Oberschenkel schlagen. Es zeigt sich, dass das Wort „zwei" nicht mit dem zweiten Schlag der Hand zusammenfällt. Schauen Sie noch einmal auf die Graphik: Hände und Klangstäbe sind durch die Schuhe dargestellt, die Musik dagegen hat ihre Betonungen an den Stellen der Zahlen 1, 2 und 3.

Übung 7: Hören Sie Audio 9-13, arbeiten Sie auf der Stelle und markieren Sie mit den Füßen die Schläge der Klangstäbe. Sprechen Sie, wenn möglich, die Nummern der Zählzeiten "eins", "zwei", "drei". „Zwei" kommt später als der zweite Fuß. Möglicherweise entsteht ein anderes Rhythmusgefühl beim *traspié* mit der gleichmäßigen Unterteilung. Es ist nicht so wichtig, ob man diesen Unterschied fühlt oder nicht. Manche Tänzer fühlen ihn, andere nicht. Beide Fälle von *traspié* sind vollkommen richtig. Es hängt von der Wahrnehmung jedes Tänzers ab, aber auch von der Milonga und der Orchesterversion, zu der man tanzt. Bei schnellen Milongas fühlt man diesen Unterschied nicht.

Führen Sie mit Audio 10-13 die gleiche Übung durch, diesmal ohne die

Hilfe der Klangstäbe.

Übung 8: Schauen Sie sich Video 3-13 an, in dem ein Tanzpaar die Übung durchführt. Die Klangstäbe markieren die Stellen, an denen das Tanzpaar die Schritte setzt. Achten Sie darauf, dass der zweite Schritt der Tänzer nicht mit der zweiten Zählzeit des Milonga-Rhythmus, der in der Musik zu hören ist, zusammenfällt. Das ist der Unterschied zur gleichmäßigen Unterteilung.

Wenn Sie sich sicher fühlen, versuchen Sie die Übung mit dem Tanzpartner.

Dieser Fall von *traspié* ist schwieriger und kann für manche Tänzer unbequem sein. Es ist KEIN Ziel ihn anzuwenden. Die Übung dient hauptsächlich dazu, die Unterschiede zu sehen und zu verstehen, warum wir möglicherweise Probleme beim Tanzen von *traspié*-Figuren bekommen, wenn wir diese zwei Systeme innerhalb der Figur mischen. Im Gegenteil, einigen Tänzern gefällt das Gefühl dieses Off-beats, dieses Nicht-Zusammenfallen des Schrittes mit der zweiten Zählzeit des Rhythmus. Das ist etwas sehr Persönliches.

Übung 9: Verdoppelte Schritte oder *traspié* in der ersten Hälfte der Unterteilung. Füße und Musik zusammen erzeugen die ungleichmäßige Unterteilung – 75 Cents-25 Cents:

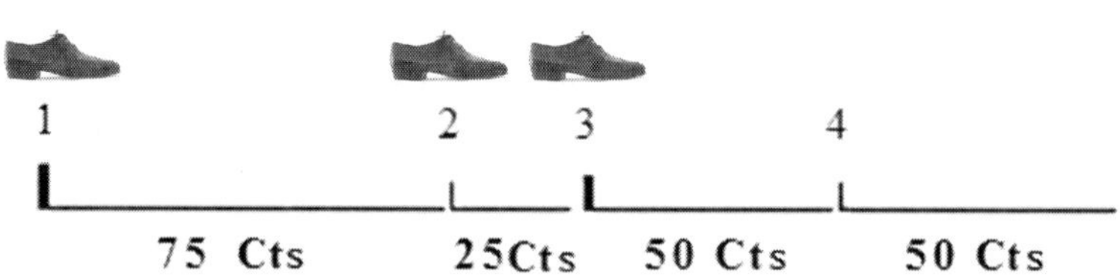

Hören Sie Audio 11-13, ohne zu gehen, und schlagen Sie mit den Händen auf die Oberschenkel, den Klangstäben folgend. Diese Mal spielen die Klangstäbe und das Orchester die ungleichmäßige Unterteilung der ersten, zweiten und dritten Zählzeit des Milonga-Rhythmus. Sprechen die Zahlen „eins“, „zwei“, „drei“ mit lauter Stimme. Es zeigt sich, dass die Hände und die gesprochenen Zahlen zusammenfallen.

Führen Sie nach einiger Zeit die Schritte mit den Klangstäben auf der Stelle aus.

Gehen Sie dann im ungleichmäßigen *traspié* genau wie das Tanzpaar in Video 4-13. Wenn Sie sich sicher fühlen, wiederholen Sie die Übung mit Audio 12-13, das die Klangstäbe nicht mehr enthält.

Übung 10: Schauen Sie sich Video 4-13 an. Die Klangstäbe spielen die ungleichmäßige Unterteilung der ersten Hälfte des Milonga-Rhythmus.

Man kann hören, dass die zweite Zählzeit der Musik mit dem zweiten Schlag der Klangstäbe, welche die Schritte markieren, zusammenfällt.

Beide, Musik und Klangstäbe, führen die gleiche ungleichmäßige Unterteilung durch – die erste, zweite und dritte Zählzeit des Rhythmusmusters der Milonga.

Machen Sie das Gleiche wie das Tanzpaar, zuerst allein und dann mit Ihrem Tanzpartner.

Der ungleichmäßige *traspié* ist nur möglich, wenn die Milonga langsam ist, sonst ist die Zeit zwischen der zweiten und dritten Zählzeit zu kurz, um den Schritt auszuführen.

Die "Corrida"

Die *corrida* ist eine Unterteilung der zwei Zählzeiten des Basisrhythmus der Milonga in vier oder acht gleichmäßige Zählzeiten. Es ist nicht ungewöhnlich, Tänzer auf der Tanzfläche zu sehen, die diese schnellen gleichmäßigen Bewegungen tanzen, oft aber nicht an der Stelle, an der die Musik es tut.

Übung 11: Hören Sie Audio 13-13. Die Klangstäbe markieren anfangs die *corrida*, danach nicht mehr.

Gehen Sie zur Musik und führen Sie kurze Seitwärtsschritte aus, welche die Unterteilungen der *corrida* markieren.

Schauen Sie sich Video 5-13 an. Ein Tanzpaar tanzt die *corrida*. Machen Sie das Gleiche, zuerst allein und dann mit Ihrem Tanzpartner zu Audio 13-13.

Üben Sie die Milonga mit einfachen und verdoppelten Schritten mit Audio 14-13. Die Klangstäbe spielen das erste Mal mit der Musik, das zweite Mal nicht mehr. Man kann den gleichmäßigen *traspié* und einfache Schritte zu diesem Beispiel tanzen. Den unregelmäßigen *traspié* mit Schritten in der ungleichmäßigen Unterteilung zur ersten, zweiten und dritten Zählzeit kann man zu Audio 15-13 tanzen.

Die Milonga: Form und Struktur

Die Entwicklung der Milonga

Der Milonga-Habanera-Rhythmus kam auf demselben Weg auf den amerikanischen Kontinent wie der 3-3-2er-Rhythmus. Er erreichte Spanien mit der Besatzung durch die Araber um 670 n.Chr. und gelangte von dort auf den amerikanischen Kontinent durch die spanische Eroberung am Ende des 15. Jahrhunderts.

🎧 Hören Sie Audio 16-13. Die Beispiele veranschaulichen die Beziehung zwischen dem Milonga-Habanera-Rhythmus und der arabischen Musik.

In Andalusien ist die Milonga ein Gedicht, begleitet durch eine Gitarre in freier Improvisation. In Argentinien hat die *milonga campera* die Form eines gesungenen Gedichts, begleitet von einer Gitarre gewöhnlicherweise im 3-3-2er- Rhythmus in der instrumentalen Einleitung und dem Milonga-Habanera-Rhythmusmuster im Gesangsteil.

In Argentinien ist die *milonga campera* – die Land- oder Feldmilonga – eine typische Musik aus La Pampa, der Provinz Buenos Aires und Uruguay. Sie hat zwei Teile: eine instrumentale Einleitung und einen Gesangsteil mit sehr einfacher Melodie, wobei der wichtigste Teil nicht die Musik, sondern die Lyrik des Gedichts ist. Im Allgemeinen erzählt das Gedicht vom Leben des „Gaucho" in der „Pampa", es ist Literatur des Alltagslebens und tiefer Reflexion.

Als in der zweiten Hälfte des 19. Jahrhunderts die zweite Welle der Immigration neue Melodien aus Europa brachte, mischten sich diese mit der Milonga und eine neue Form entstand, eine instrumentale Form, bestehend aus mehr Teilen, aber mit dem festen Rhythmusmuster der Milonga: der Tango. Diese neuen Melodien waren ein neuer Musiktyp, der auf großes Interesse bei Musikern und Komponisten stieß. Diese Melodien kamen aus der klassischen Musik, der Oper, dem „deutschen Lied", der „Canzona Napolitana", der spanischen „Rondalla", usw. Diese neue Form, der Tango, ersetzte die Milonga.

Nachdem der Tango schließlich seine drei Teile angenommen hatte und sich vom festen Rhythmusmuster zum melodischen Rhythmussystem entwickelt hatte, tauchte die Milonga in neuer Form wieder auf:: Als *milonga porteña*, –"Puerto" heißt Hafen und "porteña" bedeutet „vom Hafen von Buenos Aires sein", im Gegensatz zur *milonga campera* – „campera" bedeutet „vom Lande sein".

Diese neue Form, die *milonga porteña*, hat wie die ursprüngliche *milonga campera* die instrumentale Einleitung, aber zwei Gesangsteile – im Gegensatz zur *milonga campera* mit nur einem Gesangsteil – die wie beim Tango zwischen Dur und Moll wechselt – vergleichen Sie dazu die Ausführungen in Kapitel 9.

Das ist ein klarer Einfluss des Tangos auf die Milonga.

Die Milonga, die getanzt wird, ist die *milonga porteña.* Diese Milonga hat drei Teile: eine instrumentale Einleitung, dann einen Teil A, der gesungen wird und nach Teil A einen Teil B, der ebenfalls gesungen wird. Sie werden zyklisch wiederholt:

Instrumentaleinführung – Teil A – Teil B – Instrumentalteil – Teil A – Teil B – Instrumentalteil. Dieser dreiteilige Zyklus wird gewöhnlich zweimal wiederholt, was jedoch nicht zwangsläufig ist.

Die Struktur der Phrasen ist die gleiche wie im Tango. Für Milongas gilt, dass ein hoher Prozentsatz keine unregelmäßigen Phrasen besitzt und dass fast alle regelmäßigen Phrasen acht einfache Schritte lang sind.

Für Tänzer ist es bei einer Milonga nicht so wichtig, Form und Struktur einer neuen Phrase zu erkennen, weil das feste Rhythmusmuster das gesamte Musikstück gespielt wird, was den Rhythmus stabiler sein lässt.

Wechsel entstehen beim Tanzen durch die Wahl des *traspié* zur Betonung des festen Rhythmusmusters, welche durch die Melodie angeregt wird, oder durch Teile, bei denen es besser ist, *milonga lisa* – einfache Schritte ohne *traspié* – zu tanzen. Aber es gibt keine drastischen Änderungen von einfachen Schritten zu halben oder verdoppelten Schritten oder lange Pausen wie im Tango.

Kapitel 14: Der *Vals Criollo* oder Tango-Walzer

Der Tango-Walzer hat den gleichen Rhythmus wie der Wiener Walzer. Beide folgen einem Rhythmus von drei Schlägen. Der einzige Unterschied liegt im Tempo: die Musik des Tango-Walzers ist schneller als die des Wiener Walzers. Dies ist der einzige Grund, warum wir im Tango-Walzer auf den ersten Schlag gehen und nicht auf allen drei Zählzeiten wie im Wiener Walzer. Auf allen drei Zählzeiten zu gehen wäre zu schnell.

Einfache Schritte und Doppelschritte im Walzer:
Wir können im Walzer Doppelschritte wie im Tango tanzen. Jedoch gibt es einige Besonderheiten:

1: Wenn wir im Tango-Walzer Doppelschritte tanzen, machen wir einen extra Schritt zuzüglich zum einfachen Schritt. Weil der Rhythmus sich aber in drei Teile aufteilt, kann der Doppelschritt nicht einfach in der Mitte der einfachen Schritte gesetzt werden, denn die Mitte ist nicht genau definierbar. Wenn wir im Walzer die Doppelschritte tanzen, tanzen wir auf zwei von drei möglichen Zählzeiten. Die zwei Möglichkeiten sind folgende: neben der ersten betonten Zählzeit können wir auf der zweiten oder dritten Zählzeit tanzen.

Einfacher Schritt im Walzer

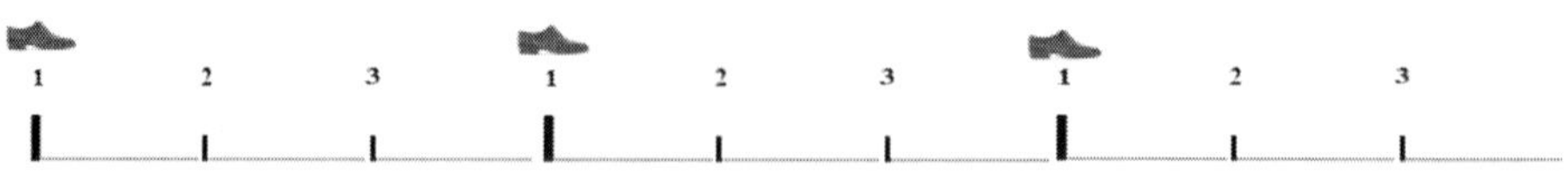

Doppelschritt auf der ersten und dritten Zählzeit

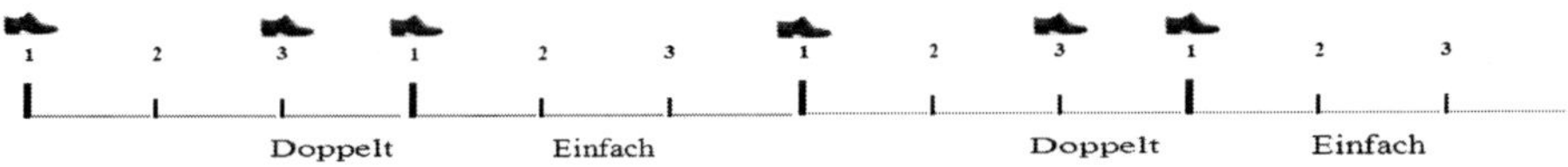

Doppelschritt im Walzer auf der ersten und zweiten Zählzeit

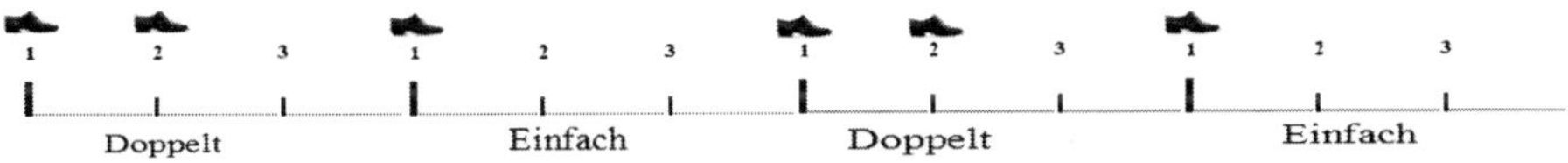

2: Im Walzer alternieren wir häufig zwischen einfachem Schritt und Doppelschritt - genau wie im Tango -, wenn wir regelmäßige Doppelschritte machen - siehe Kapitel 3 -. Eine Gruppe von drei Zählzeiten kann mit Doppelschritten getanzt werden und der darauf folgende mit einfachen Schritten. Aber eine verlässliche Reihenfolge gibt es hier nicht: auf einen Doppelschritt kann ein einfacher Schritt folgen, oder ein Doppelschritt kann von einem weiteren Doppelschritt gefolgt werden, während beim Tango die Phrase in der Regel die gleiche rhythmische Charakteristik bis zu ihrem Ende beibehält.

Einige Melodien laden uns dazu ein, Doppelschritte zu machen und legen uns nahe, welche Zählzeiten sich besser dazu eignen: die erste und zweite oder die erste und dritte, aber im Unterschied zum Tango wird das nicht die ganze Phrase hindurch gleich bleiben. Weder die Melodie noch ihre Betonungen haben den gleichen Einfluss auf rhythmische Wechsel wie im Tango. Der Walzer ist viel regelmässiger, denn er hat ja als Hauptrhythmus den Drei-Zählzeiten-Basisrhythmus, der immer zu hören ist. Diese drei Zählzeiten haben die Funktion einer rhythmischen Basis und gleichzeitig auch die eines festen Rhythmusmusters.

Hörübung: Die Stellung der Doppelschritte in der Melodie hören

🎧 Hören Sie einen Teil eines Walzers in Audio 1–14. Hören Sie sich diesen Abschnitt mehrere Male an. Die Klangstäbe zeigen eine rhythmische Möglichkeit auf, wo einfache und verdoppelte Schritte gesetzt werden könnten, die durch die Musik vorgeschlagen werden.

Dies ist eine Art, die Melodie zu hören. Sie mögen andere hören. Erinnern Sie sich daran, dass die Zählzeiten im Walzer – 1-2-3 – permanent und konstant sind. Aus diesem Grunde hat die Melodie weniger Einfluss auf den Rhythmus als im Tango, wo wir mehr Möglichkeiten für die Interpretation haben.

Halbe Schritte im Walzer

Wie wir in Kapitel 4 gesehen haben, tanzen wir im Tango mit halben Schritten nur auf der ersten von vier Zählzeiten. Beim Walzer ist es anders, denn beim einfachen Schritt gehen wir schon nur auf der ersten akzentuierten Zählzeit. Der Tango-Walzer hat deshalb keinen halben Schritt. Er kann Pausen haben, jedoch normalerweise nur am Ende von vier Phrasen und ohne bestimmte Länge. Jeder Walzer ist anders und jedes Orchester nimmt sich die Freiheit der Interpretation, mit oder ohne Pausen.

Form und Struktur des Tango-Walzers

Der Tango-Walzer kann zwei oder drei Teile haben. Diese Teile können in unterschiedlichen Formen wiederholt werden. Das hängt von der Komposition sowie von der Interpretation der unterschiedlichen Orchester ab.

A-B-A-B, oder
A-B-C-A-B-C, oder
A-B-A-C-A, oder andere Variationen.

Normalerweise alternieren die Teile A und B im Modus: Steht der Teil A in Moll, dann ist Teil B in Dur und umgekehrt – siehe auch Moduswechsel von Dur und Moll in Kapitel 9: Form und Struktur.

Wie im Tango hat jeder Teil im Walzer vier Phrasen von acht einfachen Schritten, wenn die Form regelmäßig ist. Im Walzer gibt es ebenso wie im Tango unregelmäßige Formen und Strukturen, aber nicht so häufig.

Bei einem Rhythmus von drei regelmäßigen Zählzeiten im Walzer ist für Tänzer die Form des Walzers nicht so wichtig wie im Tango, denn sie wird den Rhythmus des Tanzes nicht grundlegend ändern. Der Walzer hält den Dreier-Rhythmus streng durch. Somit bleibt die Möglichkeit von einfachen und verdoppelten Schritten den gesamten Walzer hindurch gegeben. Im Tango dagegen finden wir oft rhythmische Änderungen mit dem Beginn einer neuen Phrase. Form und Struktur eines jeden Tangos zu verstehen ist daher von großer Bedeutung, damit wir die damit verbundenen Unterschiede vorausahnen können.

Wir haben gesehen, dass im Tango die Phrasen in einem Frage-Antwort-System strukturiert sind. Im Tango kann eine Phrase eine "Frage" von acht einfachen Schritten sein, "beantwortet" von einer Phrase von wiederum acht einfachen Schritten. Eine Phrase kann auch aus einer "Frage" von vier einfachen Schritten bestehen und von vier einfachen Schritten "beantwortet" werden. Oder wir finden zwei Fragen und zwei Antworten mit jeweils zwei einfachen Schritten innerhalb einer einzigen Phrase.

Im Falle des Tango-Walzers gibt es derartige Unterschiede auch, aber normalerweise, obwohl die Fragen und Antworten lang sein können, finden wir in ihnen kleinere Einheiten von Frage und Antwort in der Länge von zwei einfachen Schritten.

Diese Tatsache hat bei einigen Tänzern und Tanzlehrern etwas Verwirrung gestiftet und sie zu der Annahme verleitet, der Walzer bestünde aus sechs Zählzeiten und dies sei der wesentliche Unterschied zwischen dem Wiener Walzer – drei Zählzeiten – und dem Tango-Walzer – sechs Zählzeiten.

Ich vermute, dass hier eine Verwirrung von rhythmischer Einheit – dem Dreier-Rhythmus – und der Phrasenstruktur von Frage und Antwort vorliegt.

Diese Fragen und Antworten haben eine Länge von zwei einfachen Schritten, insgesamt also sechs Zählzeiten, aber das ist ein strukturelles Element der Phrase: der Rhythmus bleibt dabei immer ein Dreier-Rhythmus.

Dasselbe Phänomen findet sich in der Phrasenstruktur des Wiener Walzers. Es ist somit kein Unterschiedsmerkmal von Tango-Walzer und Wiener Walzer. Dieses zwei einfache Schritte lange Frage-Antwort-System im Walzer ist nicht das einzige Modell. Es gibt im Wiener Walzer und im Tango-Walzer manche, die vier einfache Schritte lang sind – eine halbe Phrase – und manche, die acht einfache Schritte lang sind.

Übungen:

🎧 Übung 1: Hören Sie die Musik von Audio 2–14, und versuchen Sie, den Hauptakzent zu hören: den ersten der drei Zählzeiten im Walzer.

🎧 Übung 2: Mit Audio 3-14 klatschen Sie mit den Händen auf ihre Hüfte auf der ersten Zählzeit, die Klangstäbe helfen Ihnen dabei. Danach gehen Sie mit einfachen Schritten auf der ersten Zählzeit. Wenn Sie sich sicher fühlen, können Sie den zweiten Teil von Audio 3-14 üben, der keine Klangstäbe hat.

Sehen Sie sich Video 1-14 an, wo ein Tanzpaar die Übung mit einfachen Schritten macht.

Übungen für Doppelschritte:

Übung 3: Hören Sie sich Audio 4-14 an, wo die Klangstäbe die erste und zweite Zählzeit markieren. Klatschen Sie die Schläge wieder auf ihren Hüften zusammen mit den Klangstäben auf der ersten und zweiten Zählzeit. Dann gehen Sie Doppelschritte auf der ersten und zweiten Zählzeit. Wenn Sie sich sicher fühlen, üben Sie zu dem zweiten Teil von Audio 4-14, ohne Klangstäbe.

Sehen Sie sich Video 2–14 an, wo das Tanzpaar auf der ersten und zweiten Zählzeit geht.

Übung 4: Mit Audio 5–14 gehen Sie in Doppelschritten auf Zählzeit eins und drei. Die Klangstäbe unterstützen Sie dabei, die Zählzeiten zu finden. Wenn Sie sich sicher fühlen, üben Sie zu dem zweiten Teil von Audio 5-14, der keine Klangstäbe hat.

Sehen Sie sich Video 3-14 an, wo ein Tanzpaar mit Doppelschritten auf der ersten und dritten Zählzeit geht.

Nachdem Sie die Übungen gemacht haben, versuchen Sie jetzt die Doppelschritt-Figuren, die Sie kennen, auf den Walzer-Rhythmus zu tanzen. Sie können dazu Audio 4-14 verwenden, wo die Klangstäbe die Doppelschritte auf der ersten und zweiten Zählzeit markieren, und danach Audio 5-14, wo sie die erste und dritte Zählzeit markieren. Einige Schritte eignen sich besser für die Betonungen auf eins und zwei, andere für die Betonungen auf eins und drei.

Sie können weiterhin den Walzer mit einfachen Schritten und den zwei Möglichkeiten der verdoppelten Schritte mit Audio 6-14 und Audio 7-14 üben. In der ersten Hälfte hören Sie die Klangstäbe, die in der zweiten Hälfte wegfallen. Die von den Klangstäben vorgeschlagenen Schritte zeigen nur eine Möglichkeit auf, aber – wie gesagt – nicht die einzige.

Kapitel 15: Choreographische Planung ausgehend von der Musik

In jeder Choreographie ist die enge Beziehung zwischen Musik und Bewegung ein wichtiger Schlüssel, um gute Ergebnisse zu erzielen. Weil der Tango eine Musik ist, in der der Rhythmus veränderlich und äußerst gegensätzlich von einen Phrase zur anderen sein kann, ist dieses Prinzip in der Tangomusik besonders wichtig.

Wir haben uns schon in Kapitel 9: Form und Struktur ausführlich mit der Länge der Phrasen und ihren rhythmischen Änderungen beschäftigt, jetzt nehmen wir die Musik, ihre Form und Struktur, die spezifischen rhythmischen Einzelheiten jeder Phrase des Stückes, das getanzt wird, als Ausgangspunkt für den Entwurf der Choreographie.

Das Hauptziel der Choreographie soll, außer ihre Schönheit in der Ästhetik der Bewegungen und der Gestalt der Figuren, die man tanzt, die dynamische Darstellung dessen sein, was erklingt. Mit anderen Worten: wir sollten die Bewegungen in der Musik „sehen" können.

Der choreographische Aspekt der Figur, die getanzt wird, bleibt dem Choreographen überlassen, sofern aber der rhythmische Charakter der Figuren wird vom einzelnen Rhythmus jeder Phrase bestimmt wird, muss der Choreograph sich dem anpassen.

Dieses Kapitel behandelt demnach folgende Themen:

1. Die Analyse der Musik, für die die Choreographie entworfen wird: Die Festlegung eines Schemas der Form und Struktur des Tangos mit den Phrasen, die Anzahl seiner Teile, dem System der Wiederholungen der Teile,

die Anzahl der Phrasen und ihre jeweilige Länge.

2. Die Aufteilung der Audioaufnahmen in die verschiedenen Teile des Tangos gemäß dem Formschema: A – B – A – C – A , A – B – A – B – A oder anderer. Die Herstellung der Audioaufnahmen für jeden Teil des Tangos.
3. Der System, die Musik für eine Choreographie zu schreiben
4. Die Graphiken für die Übungen. Die Darstellung der Figuren mit den Zählzeiten.
5. Die Herstellung der Audioaufnahmen aller Teile des Tangos mit den Klangstäben, der Stimme, die die Zählzeiten spricht und mit der Musik.
6. Das System zum Lernen der Choreographie einschließlich der Praxis.

Sehen wir uns jetzt jeden einzelnen Punkt im Detail an:

1 - Die Analyse der Musik, für die die Choreographie entworfen wird: Definition der Form und Struktur der Phrase, Teile des Tangos, des Wiederholungssystems, der Anzahl und Länge der Phrasen jedes Teiles.

Wir benutzen für diese Arbeit ein Computerprogramm, mit dem wir die Klangdateien manipulieren können: schneiden, die Teile trennen, neue Audio-Dateien mit diesen isolierten Teilen anlegen und damit können wir die Choreographie in kleinen Abschnitten lehren und perfektionieren.

Wir benötigten ein Computerprogramm, das es uns erlaubt, eine Graphik der Klangdatei auf dem Bildschirm zu sehen und zu editieren, wie „Audacity" oder andere ähnliche Programme. Sie können jedes Musikeditionsprogramm benutzen, das diese Fähigkeiten besitzt. Manche werden im Internet kostenlos angeboten, andere können Sie kaufen. „Audacity" können sie kostenlos von der website http://audacity.sourceforge.net/download/ herunterladen.

In Kapitel 9: Form und Struktur des Tangos, haben wir schon mit einem regelmäßigen Tango gearbeitet. Jetzt bearbeiten wir einen unregelmäßigen Tango, nämlich „Pablo" in der Orchester-Version von Aníbal Troilo, der nicht in der Rondoform, sondern in der Form A – B – C – A – C gespielt wird. Auch die Länge der ersten und zweiten Phrase im Teil B ist nicht acht einfache Schritte lang, sondern nur sechs.

1.1 Öffnen Sie den Explorer Ihres Computer und erstellen Sie einen Ordner mit der Name „Pablo" unter „Meine Dokumente" oder wo Sie möchten. Legen Sie die DVD „Tango – Zur Musik tanzen!" in den Computer und wählen Sie aus dem Ordner „MP3“ die Audiodatei „Cap 15 – Pablo“ aus und kopieren Sie sie in Ihren Ordner „Pablo“. In diesem Ordner werden auch alle Audiodateien mit Teilen des Tangos gespeichert, die Sie im Laufe diser Übung herstellen.

1.2 Laden Sie im internet unter http://audacity.sourceforge.net/download/ das Programm „Audacity“ herunter und installieren Sie es auf Ihrem Computer, indem Sie der Installationsanweisung folgen. Sie können natürlich auch andere Programme benutzen. Wir zeigen hier am Beispiel von ‚Audacity' die Handhabung eines Musikeditier-Programmes, weil es kostenlos und frei verfügbar ist.

1.3 Öffnen Sie das Programm. Im Menü „Datei“ wählen sie „Öffnen“. Ein Explorerfenster wird geöffnet, das Ihre verschiedenen Ordner und Dateien zeigt . Wählen Sie den Ordner „Pablo“ und darin die MP3- Datei „Cap 15-Pablo“ und klicken dann auf OK.

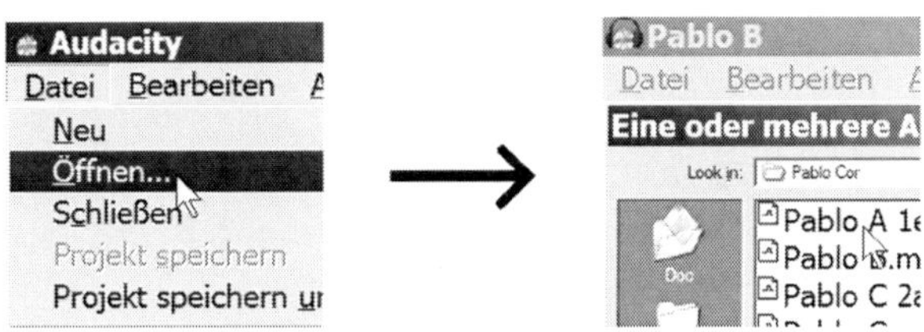

1.4 Öffnen Sie die Datei mit der Musik

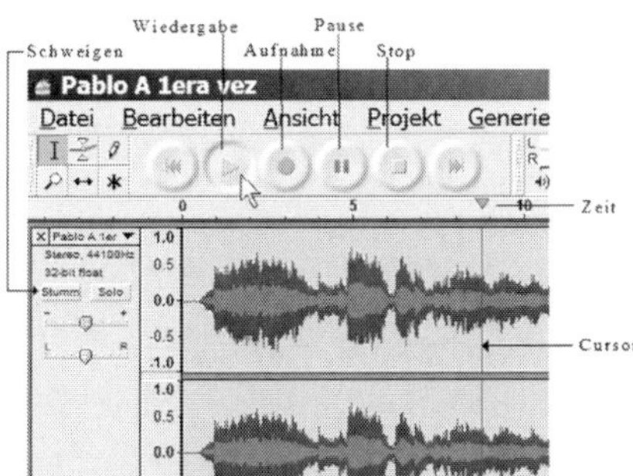

Mit „Wiedergabe“ wird die Musik abgespielt. Singen oder sprechen Sie die Melodie, um sie gut zu erkennen und zu lernen, bevor Sie weitergehen.

Auch wenn Sie diesen Tango schon gut kennen, hören Sie ihn sich mehrere Male konzentriert an. Sie sollen nur hören und gleichzeitig zur Aufnahme die Melodie singen oder sprechen. Wenn wir uns an jede Melodie gut erinnern können, wird unser Gedächtnis uns sagen, welches die einzelnen Teile sind und wann sie sich wiederholen.

1.5 Wenn Sie sind schon an die Musik gewöhnt haben, probieren sie zu ermitteln, welches die Teile und Phrasen des Tangos sind. Schreiben Sie auf ein Stück Papier, wann jede Phrase und jeder Teile des Tangos anfängt und endet und wie viele einfache Schritte lange jede Phrase ist. Sie können den Anfang und das Ende jeder Phrase genau bestimmen, wenn Sie die Zeitlinie über der Wellenformdarstellung der Klangdatei beachten und dem Cursor folgen. Sie sollen nicht den ganzen Tango auf diese Weise hören, sondern stellen Sie der Cursor am Anfang des Punktes der Sektion, die Sie hören möchten, und am Ende stoppen Sie die „Wiedergabe". Wiederholen Sie dies mehrere Male, bis Sie sicher sind das die Zeiten genau beschrieben sind.

Wenn Sie alle Teile des Tangos klar erkannt haben und den Anfang und das Ende jedes Teiles und die Länge und Dauer jeder Phrase festgestellt haben, versuchen Sie das Wiederholungssystem der Teile zu ermitteln, zum Beispiel A-B-A-C-A oder A-B-C-A-B-C oder andere Möglichkeiten, mit dem die spezifische Version dieses Tangos aufgebaut ist.

Wenn Sie Zweifel über Phrasen, die Teile des Tangos, das Wiederholungssystem und so weiter haben, lesen Sie nochmals Kapitel 9 – Form und Struktur des Tangos.

Wenn Sie mit diese Arbeit fertig sind, vergleichen Sie Ihre Resultate mit dem folgenden Diagramm des Tangos „Pablo".

„Pablo" - Orchester-Version von Aníbal Troilo
Unregelmäßige Form: A – B – C – A – C

Teil A beim ersten Mal:	Anfang min 0:00		Ende min 0:31
Phrase 1 min 0:00	bis	min 0:09	Länge: 8 einfache Schritte
Phrase 2 Min 0:09	bis	min 0:165	Länge: 8 einfache Schritte

Phrase 3 min 0:165	bis	min 0:24	Länge: 8 einfache Schritte
Phrase 4 min 0:24	bis	min 0:31	Länge: 8 einfache Schritte

Teil B: Anfang min 0:31 Ende min 0:585

Phrase 1 min 0:31	bis	min 0:37	Länge: 6 einfache Schritte
Phrase 2 min 0:37	bis	min 0:43	Länge: 6 einfache Schritte
Phrase 3 min 0:43	bis	min 0:51	Länge: 8 einfache Schritte
Phrase 4 min 0:51	bis	min 0:585	Länge: 8 einfache Schritte

**Die Phrasen 1 und 2 im Teil B sind unregelmäßig, sie sind nicht acht, sondern sechs einfache Schritte lang.*

Teil C beim ersten Mal: Anfang min 0:585 Ende min 1:29

Phrase 1 min 0:585	bis	min 1:06	Länge: 8 einfache Schritte
Phrase 2 min 1:06	bis	min 1:135	Länge: 8 einfache Schritte
Phrase 3 min 1:135	bis	min 1:215	Länge: 8 einfache Schritte
Phrase 4 min 1:215	bis	min 1:29	Länge: 8 einfache Schritte

Teil A beim zweiten Mal: Anfang min 1:29 Ende min 2:00

Phrase 1 min 1:29	bis	min 1:37	Länge: 8 einfache Schritte
Phrase 2 min 1:37	bis	min 1:44	Länge: 8 einfache Schritte
Phrase 3 min 1:44	bis	min 1:52	Länge: 8 einfache Schritte
Phrase 4 min 1:52	bis	min 2:00	Länge: 8 einfache Schritte

Teil C beim zweiten Mal: Anfang min 2:00 Ende min 2:30

Phrase 1 min 2:00	bis	min 2:07	Länge: 8 einfache Schritte
Phrase 2 min 2:07	bis	min 2:15	Länge: 8 einfache Schritte
Phrase 3 min 2:15	bis	min 2:23	Länge: 8 einfache Schritte
Phrase 4 min 2:23	bis	min 2:30	Länge: 8 einfache Schritte

2. Herstellung des Audio-Tracks jedes Teiles des Tangos

Ich empfehle, eine Audiotrack für jeden Teil der Choreographie (Teil A, B und C) mit ihren Phrasen herzustellen, um eine eine Choreographie zu entwerfen. Diese Arbeitseinheiten sind kurz – ungefähr 30 oder 35 Sekunden lang – und dadurch ist es viel einfacher, sie sich zu merken und sich auf sie zu konzentrieren als beim ganzen Tango.

• *2-1*: Mit der Cursor gehen Sie genau vor den Anfangpunkt der Sektion, die Sie isolieren möchten, klicken die linke Maustaste, halten sie gedrückt und ziehen die Maus durch den Teil der Klangdatei, der die vier Phrasen von Teil A und die erste Phrase von Teil B enthält, um diesen Teil auszuwählen.

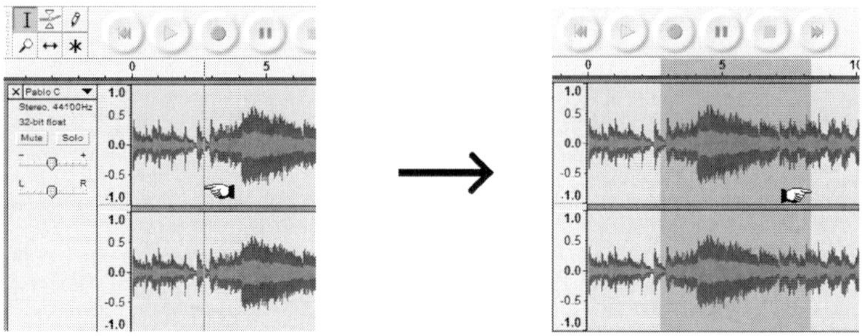

• *2-2*: Aus den Menü „Bearbeiten“ wählen Sie „Kopieren“. Danach wählen Sie im „Datei“-Menü „Neu“. Ein neues Audacity-Fenster wird geöffnet.

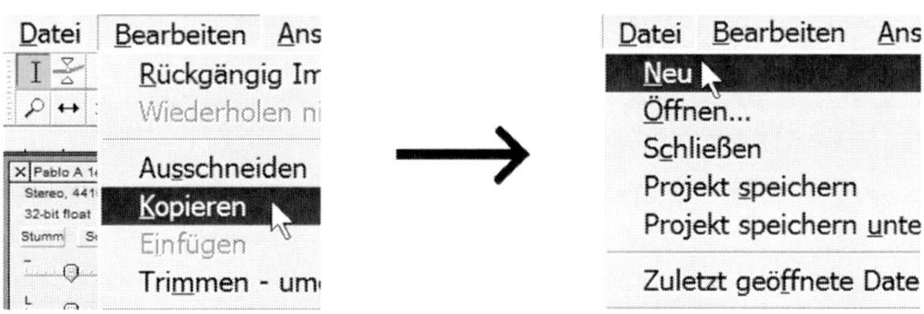

• *2-3*: Im „Bearbeiten“-Menü wählen Sie „Einfügen“. Der markierte Teil erscheint in einer neuer Datei.

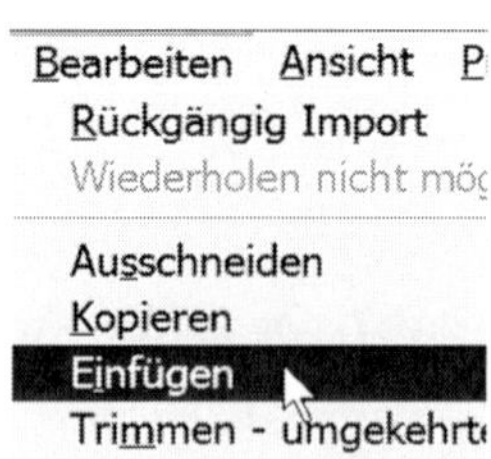

• *2-4*: Diese neue Datei wird im Menü „Datei“ gespeichert, wählen Sie „Speichern unter“, wählen Sie den Ordner „Pablo“, den Sie angelegt haben und speichern Sie die Datei unter „Pablo Teil A erstes Mal“.

Wiederholen Sie der gleiche Verfahren, stellen Sie eine neue Datei für jeden Teil des Tangos her und speichern Sie in im Order ab.

Wichtig: Denken Sie daran, dass jede Datei von jedem Teil, den Sie herstellen, immer einige Sekunden früher als der Anfangspunkt der Teile anfangen muss, und die Teile, mit denen Sie arbeiten möchten, die nächste Phrase einschließen muss. Wenn wir die einzelnen Teile der Choreographie zusammenführen, werden diese Überlappungen wie eine Verbindung für ihr Gehör funktionieren und es Ihnen erlauben, in den neuen Teile zu gehen, ohne einen Schnitt zu bemerken. Ihr Ohrgedächtnis sowie Ihr Körpergedächtnis werden die neuen Teile wie ein Teil des früheren empfinden.

Die Teile, die Sie hergestellt haben sollten, sind:

Teil A erstes Mal	– Audio 1-15 auf den DVD
Teil B	– Audio 2-15 auf den DVD
Teil C erstes Mal	– Audio 3-15 auf der DVD
Teil A zweites Mal	– Audio 4-15 auf den DVD
Teil C zweites Mal	– Audio 5-15 auf den DVD

Hören Sie Audio 1-15 bis Audio 5-15 und überprüfen Sie, ob die Anfangs- und Endpunkte der Phrasen, die Sie berechnet haben, richtig sind. Denken Sie daran, dass jeder Teil die erste Phrase des nächsten Teils einschließt, außer Teil C-zweites Mal, weil es der letzte Teil des Tangos ist.

Anmerkung: in ‚Audacity' wird die Datei in zwei verschiedene Dateitypen gespeichert: der eine ist eine „data"-Datei, der andere eine „.aup"-Datei. Wenn Sie die Datei nochmals öffnen möchten, müssen Sie die „aup"-Datei wählen. Aber löschen Sie die „data"-Datei nicht, weil es sonst nicht mehr möglich ist, die „aup"-Datei zu öffnen.

3: Das ***System, die Musik für eine Choreographie zu schreiben***

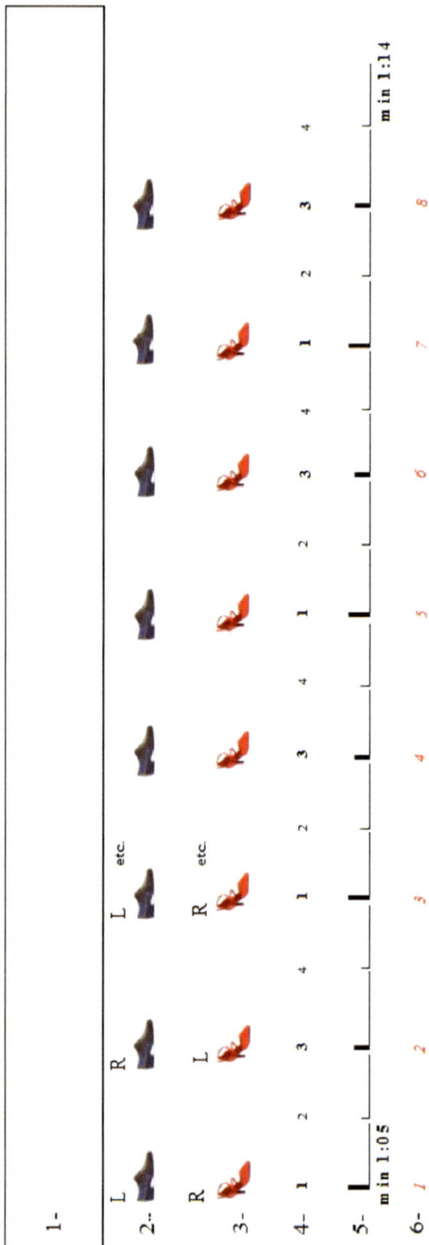

Auf der Graphik des Systems, die Musik für eine Choreographie zu schreiben, finden Sie die Darstellung folgender Kategorien:

• *3-1: Platz für die Beschreibung der Figuren*

Auf diesem Platz wird die Beschreibung der Figur geschrieben sein. Die Beschreibung ist persönlich für jeden Choreograph oder Tänzer. Sie können ein Beschreibungssystem benutzen, das für Sie am besten funktioniert. Wichtig ist, dass es für die Tänzer klar ist.

Sie sollten die Beschreibung der Figur senkrecht mit den Schuhen auf der Graphik angleichen, die mit diesen Figuren zusammenfallen.

Beispielsweise:

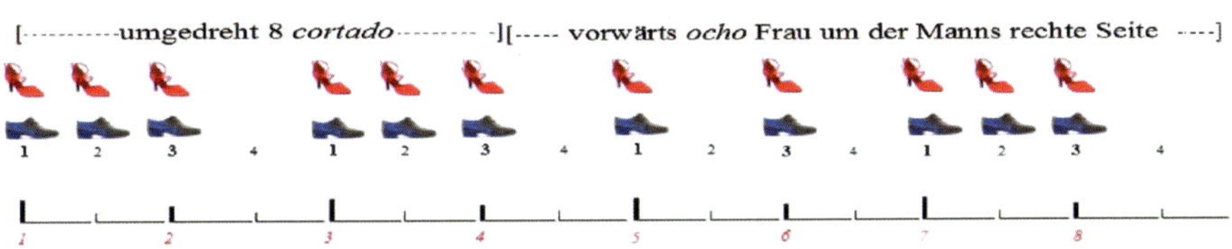

• *3-2: Die Zählzeiten des Führenden*

Die Männer-Schuhe stehen über den Zählzeiten, wo der Führende seine Schritte oder Bewegungen setzen wird. Zum Beispiel: wenn der Führende mit der ersten und dritten Zählzeit geht, dann stellen wir einen Männerschuh über die erste und dritte Zählzeit. Wenn aber die Choreographie eine 1-2-3-Verdoppelung vorschreibt, werden die Schuhe über die erste, zweite und dritte Zählzeit gestellt. Diese Schuhe repräsentieren aber keine Figur, sondern lediglich die Zählzeiten, die getanzt werden. Über die Schuhe wird der Fuß geschrieben, der das Gewicht enthält: L –links - , R – rechts.

Zum Beispiel: wenn der erste und zweite Schritt einfache Schritte sind, und danach der dritte ein Doppelschritt, der vierte wieder ein einfacher Schritt, muss die Graphik wie folgt aussehen:

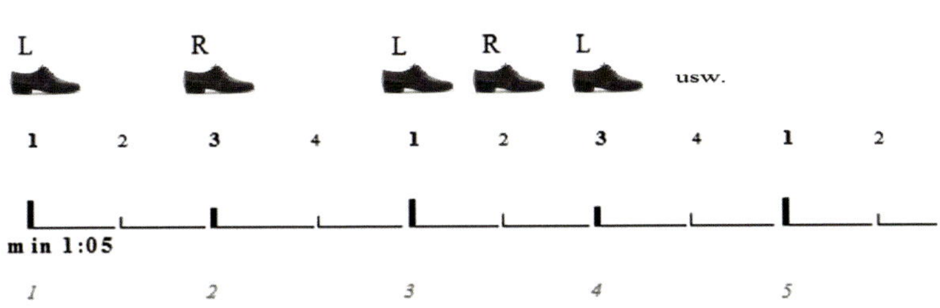

Sie können eine Metalltafel und Magnetstücke benutzen oder jedes andere System, das die Schuhe festhält.

• *3-3: Die Zählzeiten des Folgenden:*
Die Schuhe des Folgenden befinden sich über den Zählzeiten, wo der Folgende seine Schritte oder Bewegungen stellt. Zum Beispiel: wenn der Führende einfache Schritte macht, der Folgende aber verdoppelte Schritte hintereinander, so wird es wie folgt aufgeschrieben:

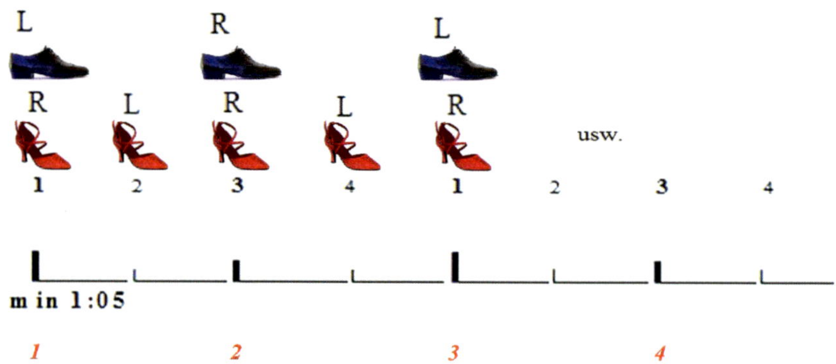

• *3-4: Die vier Zählzeiten des Tango*
Die Nummern oben über die Zeitlinien stellen die vier Zählzeiten des Basisrhythmus dar, den wir in der Tangomusik hören.

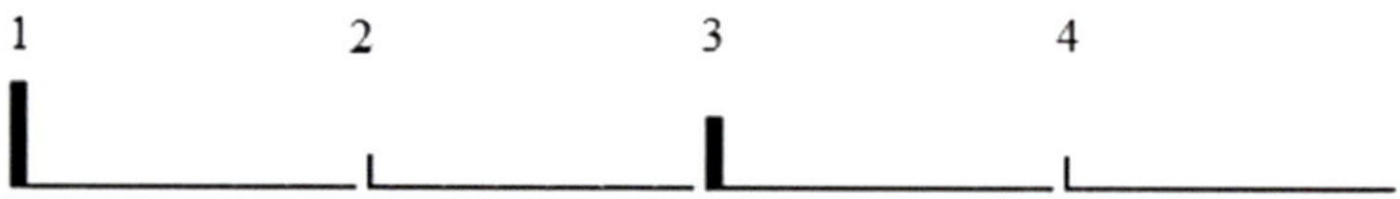

Es gibt andere Zählsysteme, die in der nächsten Sektion erklärt werden, aber wir benutzen das Vier-Zählzeiten-System, weil diese die 4 Schläge sind, die wir in der Tangomusik tatsächlich hören.

• *3-5: Graphik der Artikulationspunkte und Dauern der Zählzeiten:*

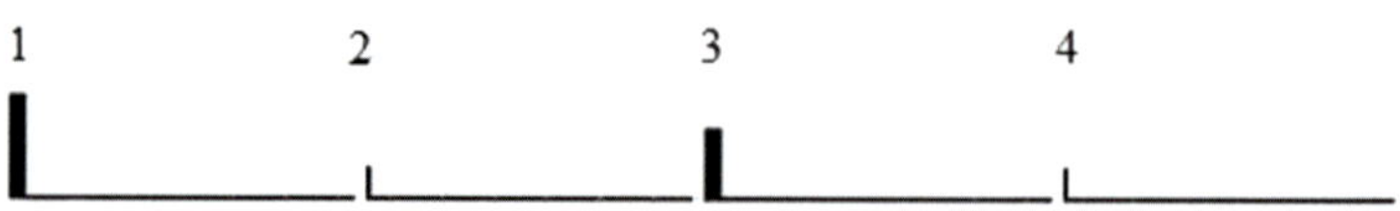

Die senkrechte kurze Linie über der waagerechten Linie repräsentieren die

Artikulationspunkte jeder Zählzeit – erste, zweite, dritte und vierte. Der Dicke und Höhe dieser vertikalen Linie markiert den Unterschied zwischen den betonten und nicht betonten Zählzeiten. Die erste Zählzeit ist am stärkesten betont, deshalb ist diese Linie die größte. Die dritte Zählzeit ist auch akzentuiert, aber nicht so stark wie die erste, deshalb sind diese Linien gleich dick, aber kürzer. Die zweiten und vierten Zählzeiten sind kürzer und dünner gezeichnet, weil sie nicht akzentuiert sind.

Die horizontale Linie ist die Zeitlinie, die mit der Musik zusammen fließt. Deswegen stellt die waagerechte Linie zwischen den vertikalen Linien der Zählzeiten die fehlende Zeit zwischen jeden Artikulationspunkt der Zählzeiten dar.

Es ist wichtig, zwischen der erste und dritte Zählzeit zu unterscheiden, – beide sind betont – und sie nicht wie gleiche zu nehmen. Wenn Sie einen Unterschied zwischen diesen machen, können Sie einfacher die Verdoppelungen setzen, wenn sie auf der ersten, zweiten und dritten oder auf der ersten, dritten und vierten Zählzeit sind, abhängig vom Fall, wenn die Melodie manchmal eine klare Unterscheidung macht und uns die Verdoppelung an der einen oder anderen Stelle nahelegt.

In einigen Orchesterversionen ist die dritte Zählzeit sehr leicht im Vergleich zur ersten, und es ist wichtig zu wissen, wo man sich gerade bezüglich der Musik befindet, allein durch das Betrachten der Graphik. Auch die Synkope ist manchmal eine Unterteilung der ersten, manchmal der drittes Zählzeit, das ist ein anderes Motiv, warum es ist wichtig ist, die erste von der dritten Zählzeit zu unterscheiden und nicht alle ‚Akzente' allgemein zu benennen.

Am Anfang und am Ende der Graphik schreiben wir die Anfangszeit und die Endzeit in Minuten und Sekunden auf, damit wir, wenn wir eine bestimmte Phrase üben möchten, wir den genauen Anfangspunkt der Phrase finden.

Es gibt kleinere Unterteilungen wie Synkopen oder *Arrastre*. Wir benutzen keine kleineren Einheiten als die vier Nummern der Zählzeiten, weil unser Ausgangspunkt das ist, was wir hören, und wir hören tatsächlich die vier Zählzeiten in der Tangomusik. Wenn wir eine Synkope darstellen, fügen wir eine vertikale Linie zwischen der ersten und zweiten Zählzeit ein, wenn die Synkope auf die Unterteilung der ersten Zählzeit fällt, oder zwischen der dritten und der vierten, wenn die Synkope auf die Unterteilung der dritten fällt, und wir sagen „Eins – **und** ......drei", wobei das Wort „und" für die Synkope steht:

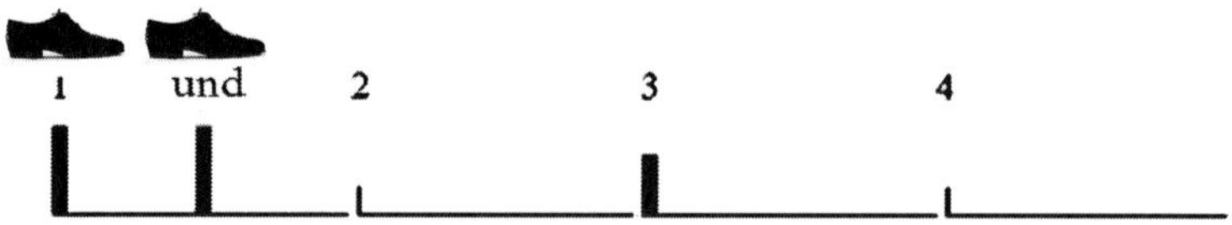

oder, ein anderes Mal, wenn wir den *Arrastre* hören, der eine Unterteilung der vierten Zählzeit ist – das ist aber kein Synkope – wir sagen „und- eins“.

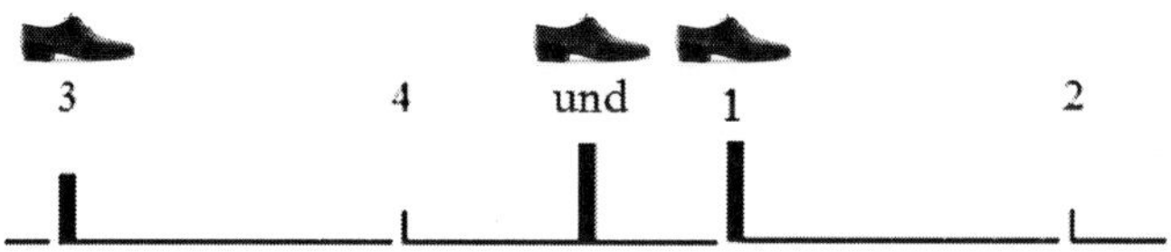

Die 3-3-2er-Rhythmus wird wie folgt aufgeschrieben:

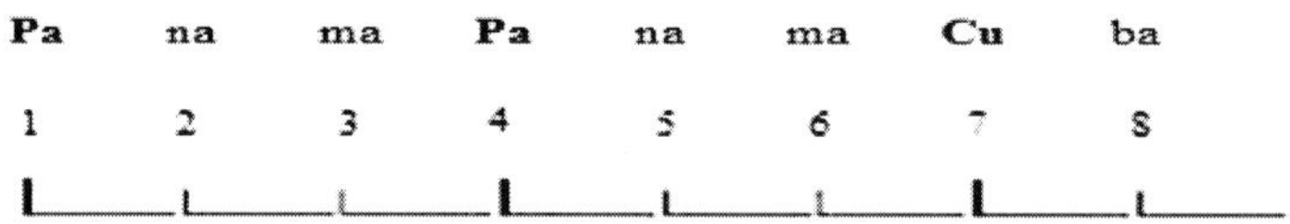

Diese 3-3-2er-Rhythmus-Eeinheit hat die gleiche Dauer wie die Einheit des Vier-Zählzeiten-Rhythmus, deshalb ist es in der gleichen Länge geschrieben.

Es gibt andere Systeme, die Zählzeiten darzustellen, von denen die bekanntesten sind:

A: Nur die Betonungen werden gezählt, und „eins“ bezeichnet den Akzent auf der erste Zählzeit und „zwei“ den Akzent auf der dritten Zählzeit.

B: das System von Gustavo Naveira und Giselle Annes unterteilt jeden Akzent in vier Teile, und jeder erste dieser vier hat die Ordnungsnummer des einfaches Schrittes der Phrase.

Die folgende Graphik vergleicht das System, das wir in dieser Methode benutzen, mit den anderen zwei Methoden, so dass Sie das benutzen können, an das Sie mehr gewöhnt sind.

Nochmal: Wir sprechen von Systemen, die Musik und die Zählzeiten darzustellen, nicht von einem System, die Figuren zu beschreiben.

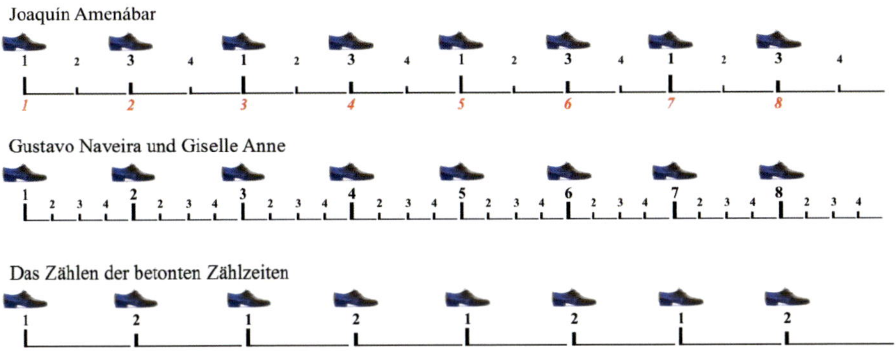

• *3-6: Die Länge der Phrase in einfachen Schritten gemessen*

Der Länge der Phrase ist in rote und kursive Zahlen unten der Linie der Zählzeiten notiert. Diese Nummer werden uns sagen, wie lang die Phrase ist und an welchem besonderen Punkt der Musik wir mit unserer Figur sind. Das ist in vielen Fälle von unregelmäßigen Phrasen, die länger oder kürzer als acht einfache Schritte sind, sehr nützlich. Das ist der Fall beim Tango, mit dem wir im Moment in diesem Kapitel arbeiten.

Beim Zählen mit den Schritten sprechen wir die schwarzen Zahlen, die oben stehen, das sind die Zählzeiten: „eins – zwei – drei", und so weiter. Wir sprechen nicht die kursiven Zahlen unter der Linie: sie sind in der Graphik, um uns eine visuelle Ausrichtung zu geben, wenn wir auf die Graphik sehen.

• *3-7: Die geschriebene Zeit am Anfang und Ende der Phrase in Minuten und Sekunden*

Wir schreiben die Anfangszeit und Endzeit der Phrase unter die Zeitlinie. So können wir in der Musik genau den Punkt identifizieren und eine bestimmte Phrase isolieren, um mit ihr zu arbeiten.

4: Das Notieren der Zählzeiten, die mit den Figuren dargestellt werden. Vorbereitung des Graphik.

Sie haben schon jeden Teil und die Phrasen jedes Teiles des Tangos identifiziert. Sie haben auch die Anfangs- und Endpunkte jeder Phrase gefunden und in Minuten und Sekunden aufgeschrieben.

Stellen wir jetzt eine Graphik für jeden Teil des Tangos mit seinen Phrasen mit dem Notationsmodell, das wir oben kennengelernt haben. Wir werden jetzt in diese Graphik die Zählzeiten schreiben, die die Figuren repräsentieren werden, die wir benutzen werden. Wenn die Teile sich wiederholen, wie es hier der Fall mit den Phrasen A und C ist, und sie machen andere Figuren für diesen wiederholten gleichen Teil, müssen sie eine Graphik für jedes Mal machen, wenn dieser Teil gespielt wird.

🎧 • *4-1*: Hören Sie Audio 1-15. Im Punkt 1-5 wir haben schon gesehen, dass der „Teil A das erste Mal" mit 0:00 anfängt und mit 0:31 endet, und die Zeiten der Phrasen sind die folgenden:

Start	*Ende*	*Länge der Pphrase*	
Phrase 1	min 0:00	min 0:09	8 einfache Schritte
Phrase 2	min 0:09	min 0:165	8 einfache Schritte
Phrase 3	min 0:165	min 0:24	8 einfache Schritte
Phrase 4	min 0:24	min 0:31	8 einfache Schritte

Machen Sie nun eine Graphik wie die folgende auf einem Stück Papier, das ungefähr so groß ist wie eine Tafel, die Sie an die Wand, wo die Choreographie geübt werden soll, hängen können. Die Graphik muss fünf Phrasen darstellen, die vier von Teil A und die erste Phrase von Teil B.

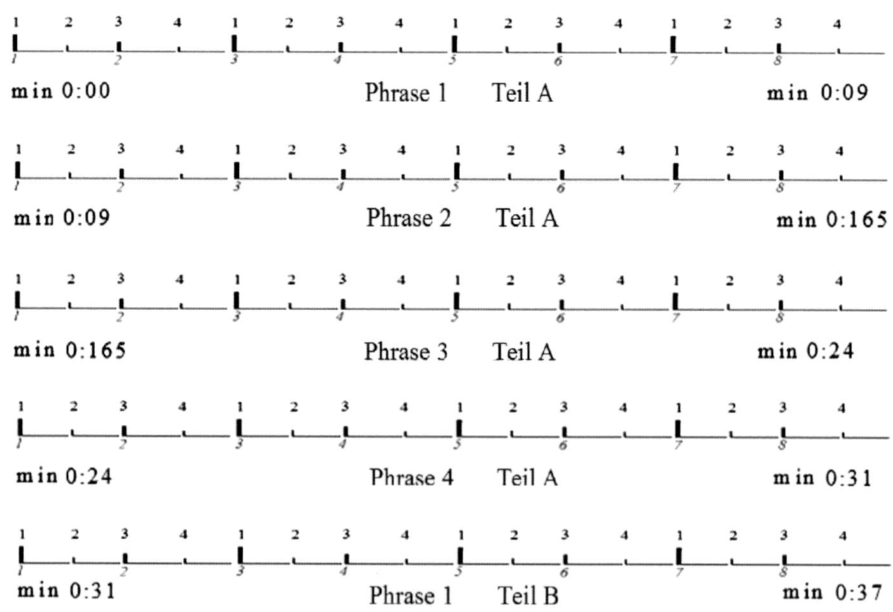

• *4-2:* 🎧 Hören Sie aufmerksam Audio 1-15, den Teil „Audio Teil A-das erste Mal" und versuchen Sie, den Rhythmus-Typ jeder Phrase zu bestimmen: ob sie besser für einfache, doppelte oder halbe Schritte geeignet ist, ob sie Synkopen oder einen Off-beat hat oder ob es sich um eine Melodie mit einem bestimmten Rhythmus ist. Besonders im Fall des melodischen Rhythmus bestimmen Sie die Betonungspunkte dieser Melodie, ob sie Synkopen beinhaltet und so weiter. Stellen sie die Schuhe an den Stellen der Betonungen über die schwarzen Nummern, die sich über der Zeitlinie befinden, den vier Zählzeiten. Diese sind die Punkte, wo sie die Schritte oder Bewegungen setzen werden. Am Anfang reicht es aus, nur einen Typ von Schuhen über den Akzenten aufzustellen – Mann oder Frau. Erst danach, wenn Sie die Figuren zeichnen, können Sie die des anderen Geschlechts hinzufügen.

Hören Sie sich Teil A noch einmal an, jetzt mit den Schuhen auf ihrem Platz, und kontrollieren Sie, ob sie genau auf dem richtigen Platz sind in Verbindung mit den akzentuieren Punkten der Phrase, wo sie die Schritte setzen werden.

Wenn Sie diese Prüfung gemacht haben, vergleichen Sie Ihr Resultat mit der folgenden Graphik. Denken Sie daran, dass die fünfte Phrase in der Graphik die erste Phrase des Teiles B ist und dass die Struktur der zwei ersten Phrasen des Teiles B unregelmäßig ist, die Phrasen sind nicht acht, sondern sechs einfache Schritte lang.

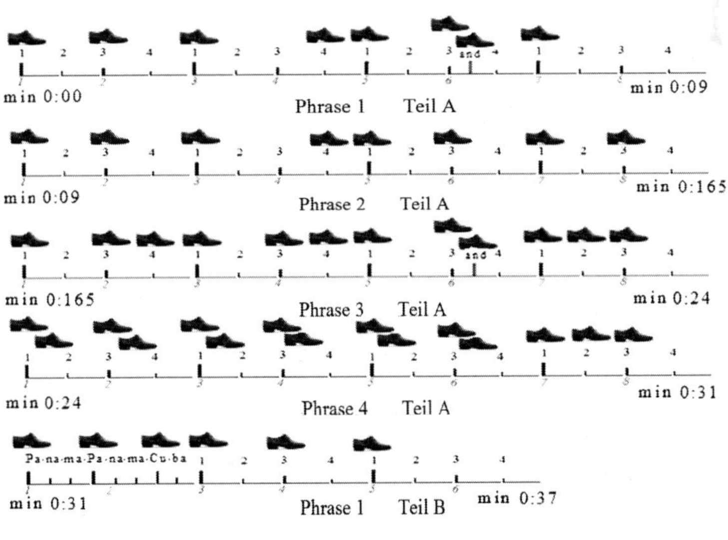

🎧 Hören Sie Audio 6-15. Sie können Teil A zusammen mit den Klangstäben hören, die die in der Graphik bezeichneten Betonungen markierten.

• *4-3: Festlegung der choreographischen Figuren:*
Wenn Sie einmal die Stellung der Betonungen in der Graphik dargestellt haben, wird der nächste Schritt im Planungsprozess die Festlegung der Figuren sein, die getanzt werden.

Wir werden jetzt die Figuren, die wir in den Video-Beispielen für die Teile A und der ersten Phrase von Teil B benutzt haben, analysieren. Sie können Ihre eigenen Figuren schaffen, diese sollten aber mit den Betonungen der Graphik zusammenpassen. Sie können nach dieser Erklärung des ganzen Prozesses die gleiche Arbeit mit dem verbleibenden Rest des Tangos machen.

Analysieren wir jetzt die Figuren, Phrase für Phrase.

Teil A-erstes Mal, Phrase 1:
🎧 Hören Sie Audio 7-15. Ein Bandoneón spielt solo nur die Melodie, deswegen werden Sie die isolierte Melodie leicht erkennen und sich merken können und vom übrigen Klang des ganzen Orchesters unterscheiden können. Singen oder sprechen Sie die Melodie gleichzeitig mit der Bandoneón mit.

🎧 Jetzt hören Sie Audio 1-15. Die erste Phrase hat einen dramatischen Charakter. Die Struktur der Phrase ist ein Frage-Antwort-System aus jeweils vier einfachen Schritten. Wenn wir nur auf die Betonungen der Haupt-Melodie achten, finden wir zwei einfache Schritte und einen halben Schritt in der ersten Hälfte, in der zweiten Hälfte, der Antwort, einen einfachen Schritt, eine Synkope und danach einen halben Schritt. Am Ende, nach dem Akzent des halbes Schrittes, spielt das Klavier, aber auch das Bandoneón einige Noten, die möglicherweise auch von einem Tänzer des Paares dargestellt werden könnten – Mann oder Frau – , während der andere eine Pause auf diesem halben Schritt macht.

Die Figuren im Video für diese Phrase sind: Der Mann macht einen Vorwärts-Schritt, mit dem nächsten Vorwärts-Schritt macht ereine „*sacada*“ mit der Innerseite seines Beines. Die Frau macht einen Rückwärts-Schritt, auf dem nächsten Rückwärts-Schritt haben wir die „*Sacada*“, sie schließt rückwärts und steht dem Mann gegenüber. Danach, im gekreuzten System dreht sich die Frau ab dem zweiten Schritt der „*Base Cruzada*“. Der Mann macht das Gleiche und endet mit einer „*Sacada*“ mit der Außenseite seines Beines.

Teil A- erstes-Mal, Phrase 2:
Die erste Hälfte der zweiten Phrase ist gleich der ersten Phrase. Der einzige Unterschied besteht im Akzent auf der vierten Zählzeit, der ein Impuls für den Anfang der nächsten Hälfte – eine neue Antwort – gibt. Es könnte eine Verzierung auf dem ersten Schritt der Antwort – Schritt Nummer fünf der kursiv gesetzten Nummer unten den Zeitlinien – als Vorbereitung auf diesen nächsten Schritt sein, der ein starker Punkt in der Musik ist.

In der ersten Hälfte der zweite Phrase haben wir zwei einfache Schritte und einen halben Schritt, danach einen Akzent auf der vierten Zählzeit, in der zweiten Hälfte sind alles einfache Schritte.

Die in dieser Phrase getanzten Figuren sind: Die Frau beginnt mit einen Rückwärts-*Ocho*, sie geht in eine *Molinete*, die mit einem *Ocho cortado* endet. Der Mann geht mit drei Schritten um die Frau herum und schließt mit einem *Ocho cortado*. Danach macht eine *cunita* im Synkopen-Rhythmus, dreht sich um seine Achse und macht eine *Volcada*. Die Frau macht die *cunita*, dreht sich um ihre Achse mit ihrem Gewicht auf den rechten Bein und geht in die *Volcada* hinein.

Teil A-erstes-Mal, Phrase 3:
Das melodische Motiv ist das gleiche wie in der ersten Phrase, aber jetzt werden die Töne in der ersten Hälfte sehr kurz gespielt, – was Musiker „staccato" nennen – im Kontrast zum ersten Mal, als die Töne sanft miteinander verbunden gespielt wurden – was Musikers „legato" nennen. Diese kurz gespielten Töne eignen sich gut für Verdoppelungen.

Es gibt in dieser Phrase einen einfachen Schritt, einen verdoppelten, einen einfachen, einen verdoppelten, einen einfachen Schritt, danach eine Synkope und danach macht die Hauptmelodie einen halben Schritt, während das Klavier eine kleine Antwort spielt, die mit verdoppelten Bewegungen eines Angehörigen des Paares dargestellt werden könnte. Das hängt von den getanzten Figuren ab.

Die Figuren auf dem Video sind: der Mann macht einen Vorwärts-Schritt, danach einen *Ocho cortado*, eine synkopierte *Cunita* und danach drei Doppelschritte um die Frau. Die Frau dreht sich nach der *Cunita* um 360 Grad auf dem rechten Fuß.

Teil A-erstes-Mal, Phrase 4
Diese Phrase beendet Teil A, deshalb wird die Spannung am Ende der Phrase

abnehmen. Es gibt eine Folge von Synkopen auf der ersten und dritten Zählzeit bis zum Ende der Phrase, die mit einem verdoppelten Schritt endet.

Die Figuren auf den Video für diese Phrase sind: Der Mann geht auf der inneren Seite der Frau und macht eine Serie Vorwärts- und Rückwärts-*Ochos*, indem er zwischen jedem dieser *Ochos* seine Füße zusammenstellt, weil dies alles Synkopen sind. Nach dem letzten *Ocho* wird er auf der äußeren Seite der Frau stehen. Da schließt er mit einem verdoppelten Schritt und öffnet den *Abrazo*, um sich auf den 3-3-2er-Rhythmus der erste Phrase in Teil B vorzubereiten. Die Frau macht immer Rückwärts-*Ochos* bis zum Ende, wo sie schließt.

Teil B, Phrase 1

Wie gesagt, dieser Tango besitzt eine unregelmäßige Form und Struktur. Nicht nur die Reihenfolge der Wiederholungen entspricht nicht der traditionellen Form, auch die zwei ersten Phrasen des Teiles B sind nicht acht einfache Schritte lang, sondern sechs.

Sie fängt mit einer 3-3-2er-Synkope an, die eine Dauer von zwei einfachen Schritte hat, nach den zwei einfachen Schritten und einem halben Schritt auf der Hauptmelodie. Während dieses letzten halben Schrittes der Hauptmelodie spielt das Klavier eine Tonleiter mit acht aufsteigenden Noten, die auch dargestellt werden könnten, beispielsweise könnte die Frau um der Mann gehen, während der Man die Pause auf der Hauptmelodie macht oder umgekehrt.

Die Figuren, die das Tanzpaar im Video für diese Phrase benutzt, sind: Der Mann macht einen Vorwärts-*Ocho*, zuerst auf der Innenseite der Frau und danach auf der Außenseite und geht dann nochmals auf die Innenseite, um die Apertura gegenüber der Frau zu machen. Die Frau macht Rückwärts-*Ochos*, dann ein Vorwärts-Kreuz, *Apertura* und Rückwärts-Kreuz, gleichzeitig dreht der Mann sich um die Frau mit einem einfachen Schritt, einem verdoppelten Schritt und danach nochmals mit einem einfachen Schritt und steht der Frau gegenüber, beide bleiben mit ihrem Gewicht auf dem rechten Fuß.

• *4-4*: Wenn Sie die Schuhe – Führender und Folgender – an ihren Platz gestellt und die Figuren ausgewählt haben, schreiben Sie über die Schuhe, auf welchem Fuß das Gewicht ist: L oder R für links und rechts. So werden Sie, wenn Sie später eine isolierte Phrase üben, immer wissen, auf welchem Fuß Sie die Phrase anfangen müssen.

Sehen sie sich Video 1-15 zusammen mit der Graphik an, die im Video benutzt wird. Der Graphik beinhaltet die Beschreibung der Figuren, die Zählzeiten, auf denen getanzt wird und die Stellungen des Gewichts.

5: Die Herstellung der Audioaufnahmen zum Üben mit den Klangstäben und der Stimme, die die Zählzeiten spricht

Wir werden ein Audio-track herstellen, wo wir diese folgenden drei Elemente hören werden:

A: Die Musik des Tangos
B: Eine Stimme, die die betonten Zählzeiten sprechen wird, wo Sie die Schuhe aufgestellt haben. Im Falle des 3-3-2er-Rhythmus wird die Stimme die Worte Pa-na-ma-Pa-na-ma-Cu-ba sagen.
C: Die Klangstäbe, die die Stellung der dargestellten Zählzeiten markieren.

Sie können diese drei Elementen zusammen oder isoliert hören, es hängt davon ab, was Sie brauchen. Sie können den Klang von einigen dieser drei Elemente einfach durch ein Klick mit der „Stumm"-Taste auf die Klangwellendarstellung ausschalten (vergleichen Sie dazu die Graphik mit den Kontrollelementen von „Audacity" am Beginn dieses Kapitels).

Um die Klangstäbe und die Stimme aufzunehmen, müssen Sie einen Kopfhörer benutzen, deswegen werden Sie nur die Perkussion oder die Stimme aufnehmen. Die Kopfhörer erlauben nicht die Wiedergabe der aufgenommenen Musik über die Klangstäbe oder die Stimme. Wenn Sie es so machen, Sie können jedes isolierte Elemente hören, wenn Sie möchten.

• *5-1*: Öffnen Sie die Datei „Pablo Teil A erste Mal"- Audio 1-15. Wenn es geöffnet ist, verbinden Sie die Kopfhörer mit Ihrem Computer. Fangen Sie die Aufnahmen mit ‚Aufnahme" an, und während Sie die Musik hören, sprechen Sie die Zählzeiten, die Sie mit den Schuhen markiert haben, durch alle fünf Phrasen hindurch, zum beispiel: „eins", „drei" „eins-zwei-drei", und so weiter.

Halten Sie die Aufnahme mit der „Stopp"-Taste an. Wählen Sie „Wiedergabe" und hören Sie die Musik, zu der jetzt gleichzeitig die Stimme, die die Akzente spricht, klingt. Wenn Sie die Aufnahme sehr laut oder sehr leise finden, können Sie das Volumen jeder einzelnen isolierten sound-wave ändern. Wählen Sie die sound-wave, dessen Volumen sie modifizieren möchten, indem Sie mit der linken Maustaste klicken und ziehen sie durch die sound-wave . Danach wählen Sie aus dem „Effekt"-Menü „Verstärken" und stellen das Volumen auf das gewünschte Niveau ein.

Hören sie Audio 8-15 mit der Musik und der Stimme, um es mit dem Audio-track, den Sie aufgenommen haben, zu vergleichen: es sollte identisch klingen.

• *5-2*: Immer mit die Kopfhörer, wählen Sie nochmals „Aufnahme“, und während Sie die Musik hören, schlagen Sie mit den Klangstäben an den Stellen, an denen die Schritte auf der Graphik markiert sind. Sie müssen dazu die Graphik im Blick haben. Wenn sie fertig sind, halten die Aufnahme mit „Stopp“ an.

Jetzt hören Sie sich das Ergebnis an: Sie werden jetzt gleichzeitig mit der Musik die Stimme, die die akzentuierten Zählzeiten spricht und die Klangstäbe, die die akzentuierten Punkte markieren, wo Sie Ihre Schritte stellen – wo die Schuhe stehen – hören.

Hören Sie Audio 9-15, um Ihr Resultat mit der Aufnahme zu vergleichen: Der aufgenommene audio-track sollte genauso klingen.

• *5-3*: Am Ende wählen Sie „Datei“ und „Speichern unter“ und speichern Sie die Datei, die Sie gemacht haben, unter „Pablo Teil A erstes Mal Stimme und Klangstäbe“. Wenn Sie mit der Choreographie arbeiten möchten, müssen sie die Datei „Pablo Teil A erstes Mal Stimme und Klangstäbe.aup“ öffnen.

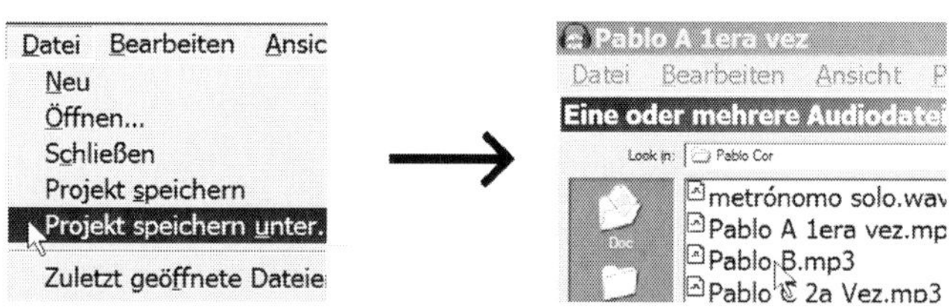

Wenn sie nur die Musik hören möchten, müssen Sie auf „Stumm“ auf der sound-wave der Stimme und der Klangstäbe klicken. Wenn Sie nur die Stimme und die Klangstäbe hören möchten, müssen Sie die sound Wave der Musik „stumm“ schalten. In diesem Fall werden Sie nur die Stimme und die Klangstäbe auf den akzentuieren Punkten, wo sie Ihre Bewegungen machen, hören.

Sie haben nun ein Audio-track mit der Stimme und den Klangstäben, die Sie benutzen können, wenn Sie die Choreographie des Teiles A üben. Dieses

Stimme-Klangstäbe-Audio erlaubt Ihnen, Ihre Figuren auf einen ganz genauen und präzisen Rhythmus zu üben, ohne die Musik zu hören. Wenn wir es immer wieder üben müssen – wie es ganz normal ist, wenn wir eine Choreographie lernen – ist es sehr unangenehm. Nur mit dem Rhythmus der Stimme und der Klangstäbe zu üben ergibt eine große Klarheit und Präzision für die Stellungen und die Qualität der Bewegungen. Nach einigen Wiederholungen mit der Musik, den Klangstäben und der Stimme alles zusammen, können Sie mit der stumm-geschalteten Musik, nur mit den Klangstäben und der Stimme üben.

- *5-4*: Verlangsamung des Geschwindigkeit des Audios mit der Stimme und den Klangstäben. Es ist sehr nützlich, am Anfang des Lernprozesses mit einem langsameren rhythmischen Referenz – die Klangstäbe und die Stimme, die die benutzten Zählzeiten sprechen und schlagen – zu arbeiten. So ist es einfacher, sich an die Choreographie zu erinnern, und es erlaubt, die Figuren von der Technik her zu verfeinern, was auf der echten Geschwindigkeit viel schwieriger ist. Normalerweise, wenn Leute die Figuren langsam üben, sie machen es ohne eine rhythmische Hilfe. Wir können der Klangstäbe-Stimme-Audiotrack in einer langsameren Geschwindigkeit in der ersten Phase des Lernprozesses abspielen. Wenn wir die Figuren perfektioniert haben, wir können zur normalen Geschwindigkeit zurückkehren.

Um es zu machen, ziehen Sie die Maus durch die soundwave der Klangstäbe, und, nachdem es ausgewählt wird, klicken Sie auf das „Effekte“-Menü und wählen „Tempo ändern“. Im geöffneten Dialogfenster schieben Sie die Zeitkontrolle bis ungefähr zu -10 oder -20. Merken Sie sich, welchen Wert Sie für die Änderung der Geschwindigkeit eingegeben haben, so dass Sie den gleichen Wert für die Klangstäbe und die Stimme nehmen, oder es wird nicht möglich sein, beide zusammen zu spielen. Auch wenn Sie zur ursprünglichen Geschwindigkeit zurückkehren, müssen Sie genau den gleichen Wert, aber mit umgekehrten Vorzeichen eingeben: +10 oder +20 , so kann es auch zusammen mit der Musik gespielt werden.

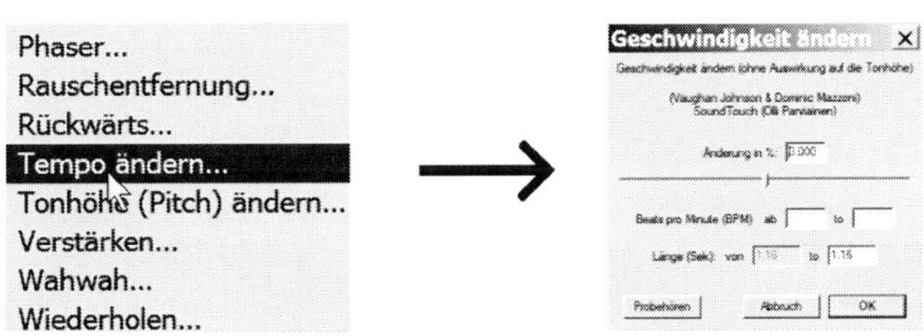

6: Das Lernen der Choreographie

• *6-1.* Öffnen Sie das Programm ‚Audacity", wählen Sie „Datei", „Öffnen" und wählen Sie „Pablo Teil A erstes Mal Stimme – Klangstäbe.aup". Während Sie auf die Graphik blicken, hören Sie die Musik einige Male, und auf dem Platz, markieren Sie mit Ihren Füßen die Punkte, wo Sie die Schritte markiert haben, aber machen Sie keine bestimmte Figur.

Sehen Sie sich Video 2-15 an, um die Tänzer zu sehen, wenn sie „auf dem Platz" tanzen, und achten sie auf die Graphik.

• *6-2*: Ohne die Musik machen Sie einige Male die Figur, die Sie auf Phrase 1 und die des erstes Schrittes von Phrase 2 in die Graphik geschrieben haben, so Sie haben eine klare Idee davon, was Sie machen sollen.

• *6-3*: Wenn Sie klar haben, was für eine Figur Sie werden machen, arbeiten Sie mit dem audio-track, das Sie hergestellt haben mit der Musik, der Stimme und den Klangstäben – der gleiche wie Audio 9-15. Hören Sie den audio-track und klicken sie mit dem Cursor in die Mitte der Phrase 2. Ziehen Sie den Cursor von diesem Punkt bis an den Anfang der Aufnahme: Sie haben diesen Teil der Aufnahme nun ausgewählt, dieser Teil der soundwave hat ein dunkle Farbe. Klicken Sie jetzt auf „Wiedergabe" und sie werden nur diesen ausgewählten Teil des Audios hören. Üben Sie die Figuren dieser Phrase mehrere Male.

• *6-4*: klicken Sie auf „Stumm" in die Musik-audiowave und arbeiten Sie jetzt nur mit den Klangstäben und der Stimme, die die Zählzeiten spricht, mehrere Male, bis Sie die Figuren gut auswendig machen können. Es wird empfohlen, die Geschwindigkeit in dieser ersten Phase der Arbeit langsamer zu machen. Dafür folgen Sie der vorherigen Erklärung. Nur wenn die Choreographie gut läuft, gehen Sie zurück zur echten Geschwindigkeit. Um dies zu tun, wählen Sie im „Effekte"-Menü „Tempo ändern" und geben Sie den gleichen Wert, aber mit umgekehrten Vorzeichen ein(zum Beipiel +10 oder +20) .

• *6-5*: Sehen Sie sich Video 3-15 und 4-15 an, wo Phrase 1 und die halbe Phrase 2 getanzt wird, zuerst mit der Musik und danach mit dem Klangstäben-Stimme-Audio.

• *6-6*: Jetzt markieren Sie auf der Soundwave den Anfangpunkt der Phrase 2 und ziehen den Cursor bis auf die halbe Phrase der dritten Teiles A. Denken Sie daran, dass der Anfangspunkt jetzt der Anfang der Phrase 2 schon eine Teil der ersten Arbeit mit Phrase 1 war. Diese Überlappung erlaubt Ihnen, einfacher die Phrasen zu vereinigen, wenn Sie die ganze Choreographie des Teiles A zusammenfassen möchten. Ihr Körper ist es gewohnt, am Ende der Phrase 1 weiterzugehen.

👁 Sehen Sie sich die Videos 5-15 und 6-15 an. Phrase 2 und die erste Hälfte der Phrase 3 werden getanzt, zuerst mit der Musik und danach mit dem Klangstäben-Stimme-Audio.

👁 Sehen Sie sich die Videos 7-15 und 8-15 an. Phrase 3 und 4 werden getanzt, zuerst mit der Musik, danach mit dem Klangstäben-Stimme-Audio.

👁 Sehen Sie sich die Videos 9-15 und 10-15 an. Phrase 4 und Phrase 1 des Teiles B werden getanzt, zuerst mit der Musik, danach mit dem Klangstäben-Stimme-Audio.

• *6-7*: Wiederholen Sie den ganzen Prozess, den Sie mit der ersten Phrase gemacht haben, mit den restlichen Phrasen, bis Sie Teil A und die erste Phrase des Teiles B beenden haben.

• *6-8*: Wenn sie alle die Phrasen geübt haben, fassen Sie alles zusammen und arbeiten mit der Choreographie des Teiles A und der ersten Phrase des Teiles B wie mit einer einzigen Einheit. Sie müssen sich nicht zwingen, die ganze Choreographie von Anfang an zu erinnern. Arbeiten Sie mit dem gleichen Teil an den folgenden Tagen, bis das Gedächtnis sicher ist.

Danach machen Sie das gleiche mit den anderen Teilen des Tangos, bis die Choreographie komplett ist.

👁 *6-9*: Sehen Sie sich Video 11-15 an. Teil A ist zusammengefasst, zuerst mit dem Klangstäbe-Stimme-Audio und danach mit der Musik.

• *6-10*: Wenn Sie dem gleichen Prozess folgen, zeichnen Sie eine Choreographie für die Teile B, C und C, das zweite Mal. Sie können auch andere Figuren für Teil A, zweites Mal auswählen, nur müssen Sie die Stellung der Schuhe gleich lassen. Denken Sie daran, dass Sie nur die Hauptakzente dargestellt haben, aber wenn Sie sekundäre Betonungen hören, zum Beispiel diese kleinen Noten des Klaviers am Ende einiger Phrasen, können Sie diese auch in die Graphik stellen und darstellen.

Teil B

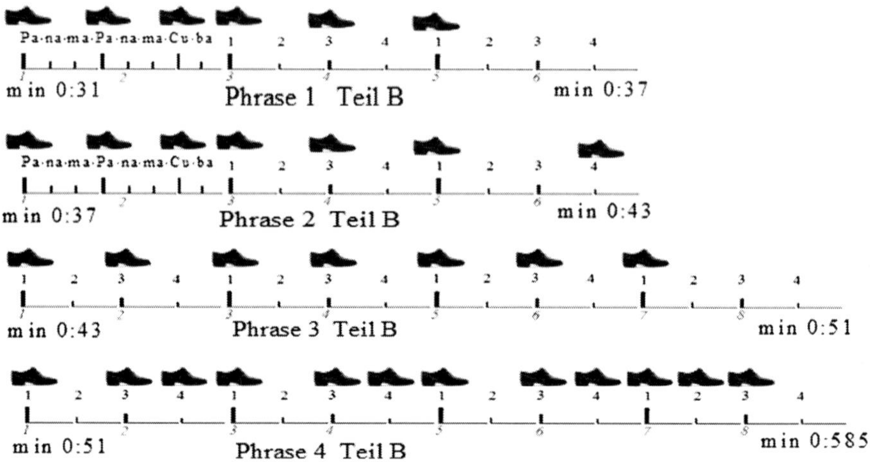

Teil C, erstes Mal

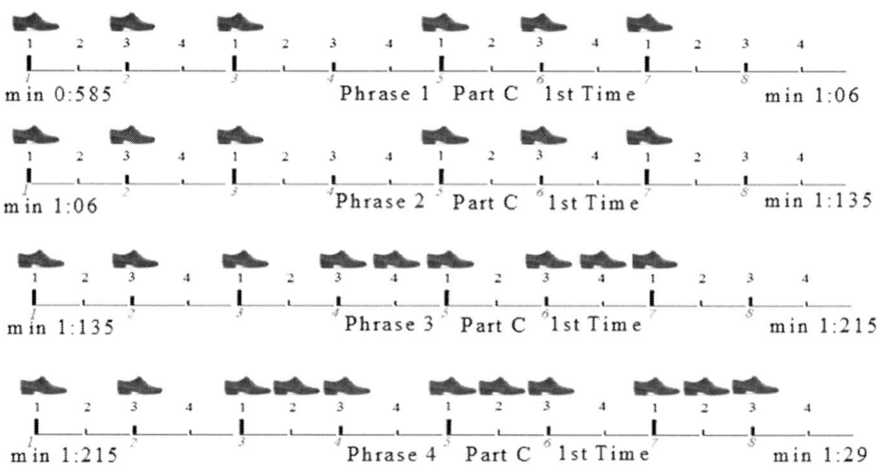

Teil A, zweites Mal: die Graphik ist die gleiche wie die von Teil A, erstes Mal.

Teil C, zweites Mal:

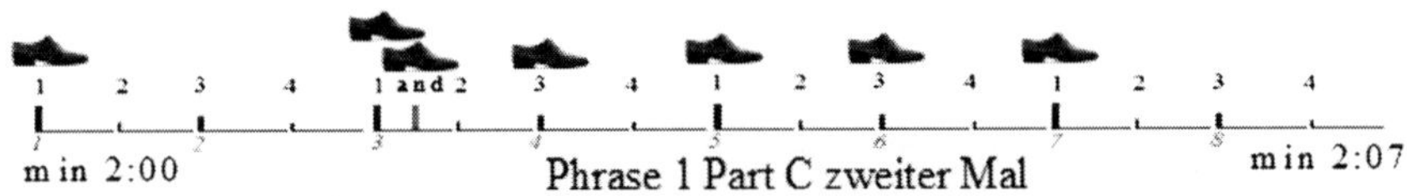

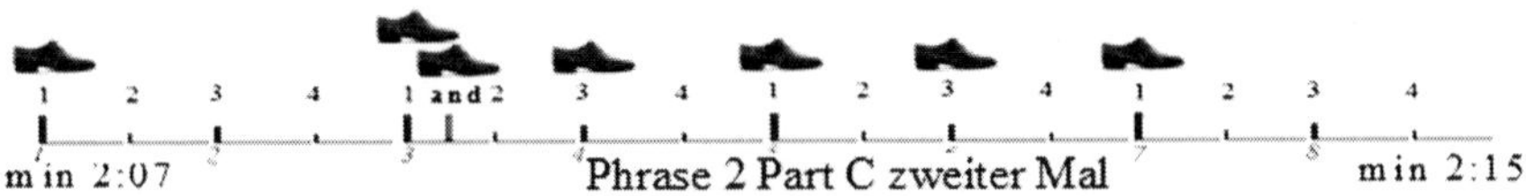

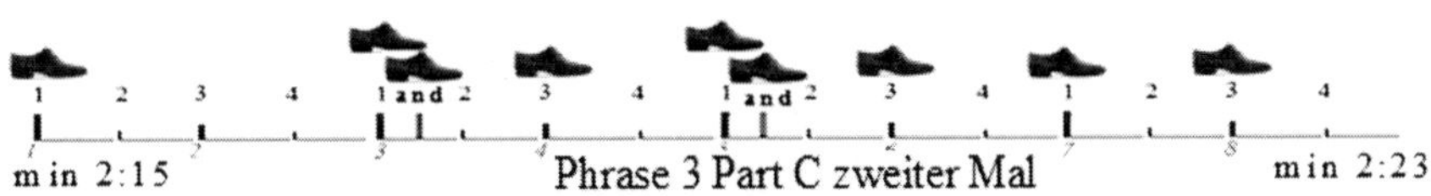

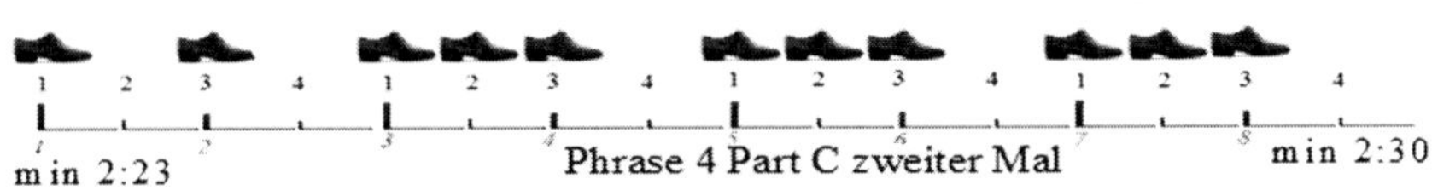

7: Das Tanzen der Choreographie

Wir können nicht ganz am Anfang des Tangos mit dem Tanzen der Choreographie beginnen, weil wir den Anfangspunkt nicht kennen. Wir könnten die erste Phrase abwarten, um mit der zweiten Phrase anzufangen, aber in diesem besonderen Tango ist das nicht gut, weil hier die zweite Phrase nicht von einem Punkt der Ruhe ausgeht: die zweite Phrase hat ein klares „Antwort"-Gefühl. Deshalb erscheint es besser, die zwei ersten Phrasen nicht zu tanzen und mit der dritten Phrase des Teiles A anzufangen.

Weil die Form A – B – C – A – C ist, wenn Teil A das zweite Mal gespielt wird, können wir die Choreographie des ganzes Teiles A tanzen weil die Musik ganz genau die gleiche ist. Sie können auch eine unterschiedliche Choreographie für das erste und zweite Mal des Teiles A haben, aber der Rhythmus der Graphik ist der gleiche.

Sie müssen Teil A im Anschluss an Teil C, beide zusammen in dieser Ordnung verstehen und erinnern. Sie müssen sicher sein, die Fähigkeit, von A zu B und von A zu C zu gehen, in Ihrem Körpergedächtnis zu fixieren, um Verwirrung zu vermeiden.

Wenn Sie sich nicht an einen bestimmten Teil erinnern können oder einen Teil üben möchten, um die Technik zu verbessern, sollten Sie nicht den ganzen Tango wiederholen. Sie suchen einfach in der Graphik die Phrase, wo sie Probleme haben, sehen sich den Anfangs- und Endpunkt in Minuten und Sekunden an und finden diesen Punkt in der Musik und wählen diesen Teil des Audio aus. Lesen die Beschreibung der Figur, mit der Sie arbeiten möchten, in der Graphik und achten Sie darauf, auf welchem Fuß haben Sie und Ihr Partner das Gewicht haben. Mit diesen Informationen können Sie eine isolierte Phrase üben, ohne durch den ganzen Tango zu gehen.

Am Ende empfehlen wir, erst dann die ganze Choreographie zusammen zu erarbeiten, wenn die isolierten Teile sehr gut funktionieren. Wenn Sie es so machen, können Sie die ganze Choreographie in einer sehr kurzen Zeit lernen. Auch wenn sie die ganze Choreographie zusammenfassen und damit arbeiten, benutzen Sie die Musik, weil sie Sie durch den ganzen Tango beim Identifizieren der verschiedenen Teile führen wird. Sie können die Musik mit den Klangstäben und der Stimme und danach am Ende die Musik allein benutzen.

Kapitel 16: Unterrichtung der Tangomusik für Tänzer ohne musikalische Ausbildung

Schon weil viele Tangolehrer keine akademische musikalische Ausbildung haben, ist es wichtig festzulegen, welche Ziele man mit der musikalischen Ausbildung verfolgt. Ihr Inhalt ist das Unterrichten der rhythmischen Grundsätze des Tangos, ihr Ziel das Erkennen und Unterscheiden der verschiedenen rhythmischen Besonderheiten als Ergänzung des Unterrichtens der Tanz-Schritte. Vor allem aber geht es darum, von Anfang an im Bewusstsein der Tänzer die Idee zu etablieren, dass es eine Entsprechung von Bewegung und Musik gibt: weil die Musik es so nahe legt, macht man diese Bewegung und nicht jene andere. Wenn ein Tangolehrer noch weiter gehen und sich auf das Unterrichten der Musik für Tänzer spezialisieren will, wird er spezifische Studien über die Musik auf einer höheren Ebene betreiben müssen.

Denkt man an einen Musikunterricht speziell für Tänzer, dann sprechen wir in der überwiegenden Mehrheit von Leuten, die nicht Musik schreiben oder lesen können, die nicht den Wert der musikalischen Figuren kennen und so weiter. Deshalb wird man die verschiedenen musikalischen Fälle, die wir im Tango vorfinden, auf dem Weg der direkten auditiven Wahrnehmung präsentieren, also ohne die spezifische Sprache oder die technisch-musikalischen Konzepte eines Musikers zu benutzen, denn das Einzige, was dies am Ende erzeugen würde, wäre ein Verstärken des Gefühls des Unverständnisses beim Tänzer, und man würde ihn noch weiter von der Musik entfernen.

Was erwarte ich nun von einem Tänzer, den ich im Tangotanzen unterrichte? Auf einer ersten Ebene, dass er es schafft, im Zeitmaß mit der Musik zu gehen, das heißt, er kann anfangs seine Füße dorthin setzen, wo die Akzente der Musik sind und nicht an beliebigen Stellen, auf einer zweiten Ebene, dass ihm bewusst wird, wann die Musik „vorschlägt“, mit einfachen Schritten zu gehen, wann mit verdoppelten und wann mit halben Schritten.

Auf einer noch höheren Ebene sollte er den Beginn und das Ende der musikalischen Phrasen und die rhythmischen Wechsel zwischen zwei Phrasen erkennen können, einschließlich der irregulären rhythmischen Einheiten.

Jeder Tänzer kann aber noch viel mehr Dinge zustande bringen, abhängig von seinem Niveau. Vor allem geht es darum, dass er sich ein Repertoire von Schritten in Abhängigkeit vom Rhythmus-Typ anlegt: Schritte für die Verdoppelungen, für das einfache Tempo und für die halben Zählzeiten. Auch sollte er in der Lage sein, sie fließend zu den Wechseln in der Musik einzusetzen oder einen Schritt oder eine Figur an verschiedene Rhythmen anzupassen.

Das Erreichen all dieser Ziele erfordert:

A: Ein klares Konzept seitens des Lehrers für jedes einzelne Thema, das er unterrichten will. Auch wenn er bereits über eine große musikalische Erfahrung verfügt, empfiehlt es sich trotzdem, alle Übungen der Kapitel dieser Methode Fall für Fall zu lesen und das gesamte Verfahren umzusetzen, um jeden geschilderten Fall im Ansatz gut zu verstehen. Dies geschieht aus der Perspektive der Vermittlung von Tangomusik, angepasst an den Tanz, für diejenigen, die keine musikalischen Vorkenntnisse haben. Zusammengefasst: der Lehrer muss den Prozess kennen, ausgehend von der Situation des Tänzers, der auf direktem Weg mit dieser Methode lernt.

B: Der Einsatz von geeignetem Lehrmaterial - in unserem Fall, grundsätzlich, die Auswahl und Vorbereitung der musikalischen Beispiele, Diagramme und so weiter. Sie müssen leicht erkennbar sein, auf den besonderen Fall bezogen sein, der gerade unterrichtet wird und sie müssen ein angemessenes Mittel sein, um den Unterrichtsprozess insgesamt zu fördern

C: Einen angemessenen und effizienten Unterrichtsprozess mit klar definierten und fortschreitend geordneten Phasen, um das Lehrziel des Unterrichts zu erreichen, ohne den man, auch wenn das didaktische Material angemessen ist, nicht die beabsichtigten Ziele erreicht. Die Methode: "Ich mache vor, ihr macht nach", die man oft beim Unterrichten der Schritte und Figuren sieht, ist hier zu verwerfen, weil es nicht viel zu sehen gibt, hier geht es darum, zu hören und zu jedem einzelnen der behandelten musikalischen Fälle die Bewegungen zu üben.

D: Beide, Lehrer wie Schüler, müssen verstehen, dass das musikalische Lernen ein Prozess der Praxis ist. Es ist keinesfalls etwas, das mit einer einfachen

Erklärung erreicht wird. Im allgemeinen denken wir, dass das Erlernen eines gut ausgeführten Tanzschrittes viel Übung braucht, in Bezug auf die Musik aber ist die Idee vorherrschend, dass man Musik von Natur aus hört oder eben nicht hört. Mein Erleben zeigt mir aber, dass dies im Falle des Tänzers nicht immer so ist. Auch die Wahrnehmung von Musik kann man trainieren und man wird merken, dass sie sich mit der Praxis verbessert. An diesem Punkt sollten wir bedenken, dass Menschen, die keine musikalische Ausbildung erfahren haben, Musik meist als Ganzes hören und nur sehr schwer Teile unterscheiden können, die dieses „Ganze" ausmachen, das heißt, sie hören nur das musikalische Ergebnis.

Sehr häufig wird der Tänzer nicht zwischen der Melodie und dem zugrunde liegenden Rhythmus oder verschiedenen melodischen Elementen unterscheiden können. Dies führt dazu, dass man oft geneigt ist anzunehmen, er höre diese einzelnen Elemente nicht, aber wenn man ihm die Melodie von einem Solo-Instrument vorspielt und er diese Melodie mehrere Male singt, dann ist es sehr wohl möglich, dass er sie im Zusammenklang des ganzen Orchesters ohne Probleme wiedererkennt.

Auch muss man sehr klar unterscheiden, was ein musikalisches Problem und was ein motorisches Problem ist. Wenn wir einen Tänzer bitten, zu einem bestimmten musikalischen Motiv zu tanzen, dann fordern wir ihn nicht nur zum Hören auf, wir verlangen viel mehr: zusätzlich muss er dieses Motiv identifizieren, es internalisieren und zuletzt seinen ganzen Körper darauf abstimmen.

Hier spielen andere Faktoren hinein, die nicht nur das Ohr betreffen, deshalb müssen wir an dieser Stelle etwas klären, was nicht immer leicht zu entscheiden ist: wie viel des Problems, dass eine Person haben kann, um eine gewisse rhythmische Übung auszuführen, ist auditiver und wie viel davon motorischer Natur beziehungsweise ein Problem der Technik des Führens, der Körperhaltung, der Gewichtsverteilung und so weiter. Für die intuitiven Tänzer sind die auditiven und motorischen Aspekte ein und dasselbe, aber dieses Buch ist in erster Linie für die große Mehrheit der Tänzer geschrieben, die nicht zu diesen intuitiven Tänzern gehören.

Nach diesen allgemeinen Erwägungen beschäftigen wir uns jetzt mit den praktischen Aspekten des Unterrichts der Musik im Tango, das sind:

1: die Bestimmung des Themas für die Arbeit in der Klasse:
2: die Ermittlung klarer Ziele für den Unterricht
3: die Auswahl und Vorbereitung der didaktischen Materialien – Aufnahmen, Diagramme, Graphiken und so weiter – zur Verwendung in Abhängigkeit vom Thema, das man unterrichten wird.
4: die Ermittlung des Verfahrens, das man im Unterricht verwenden will, um diese Ziele zu erreichen.

Sehen wir uns jeden Aspekt genauer an:

1: Bestimmung des Themas für die Arbeit in der Klasse

Es ist wichtig, dass das Thema mit Präzision ausgewählt wird. Nehmen wir als Beispiel das Erkennen des Beginns und des Endes einer musikalischen Phrase:

Das wird das Thema sein, und das wird auch der gesamte Umfang des Themas in der Klasse sein. Wir dürfen diesen Rahmen nicht noch ausweiten oder Fragen der Schüler zulassen, die zu anderen Themen führen, denn dann müssten wir viele verschiedene Erklärungen geben, abhängig vom Lerntyp und vom Niveau jedes einzelnen Mitglieds der Gruppe. Dies wird die Effektivität unserer Arbeit verringern und könnte dazu führen, dass wir das Unterrichtsziel nicht erreichen.

Das Thema sollte einen Umfang haben, der eine Unterrichtsstunde umfasst. Dabei sollte man bedenken, dass der Umfang des Themas nicht von den mündlichen Erläuterungen und der für diese Erklärungen benötigten Zeit abhängt, sondern und vor allem von der Zeit der Praxis und der Bewegung der Gruppe auf der Tanzfläche. Die Beziehung zwischen Theorie und Praxis muss immer auf der Seite der Praxis höher sein, nämlich 60 oder 70% der zur Verfügung stehenden Unterrichtszeit.

Das Thema oder die Aspekte des Themas müssen auch in Beziehung zum Niveau der Klasse stehen. Wenn wir vom „Niveau der Klasse“ sprechen, meinen wir nicht nur das technische Niveau der Tänzer, was ihre Fertigkeiten oder ihr technisch-choreographisches Niveau betrifft, sondern auch ihr auditiv-motorisches Niveau, das nicht immer in gleicher Weise entwickelt ist.

Wenn das Thema der Klasse entsprechend gesetzt ist, muss man sicher stellen, dass beides, die Zeit für die Erläuterungen und die Zeit für die Praxis, in die Unterrichtszeit passen. Bleiben wir beim gesetzten Beispiel:

Das Thema: die melodische Phrase, das Erkennen der Phrasen mit ihrem Beginn und ihrem Ende.

Die prozentuale Verteilung der Zeit: ca. 25% für die Erklärung, 75% für die Übungen.

Zeitdauer der Erläuterungen: insgesamt 15 Minuten. Was wird erläutert, in welcher Reihenfolge, wenn wir verschiedene Übungen machen, wie verteilen wir die Erklärungen für jede Übung, so dass wir insgesamt nicht mehr als diese Zeit benötigen?

Körperarbeit: insgesamt ungefähr 45 Minuten zwischen dem reinen

Hören, dem Arbeiten am Standort, dem Einüben der Bewegungen einzeln und paarweise und so weiter.

Dies ist ein Beispiel, natürlich kann man die Einteilungen je nach konkretem Fall ändern.

2: Die angestrebten Ziele des Unterrichts

Wir müssen das Ziel jeder Klasse sehr klar setzen. Angenommen, das vorgeschlagene Unterrichtsthema ist das Erkennen einer musikalischen Phrase, dann könnte das Ziel lauten:

A: Die Tänzer verstehen das Konzept einer musikalischen Phrase.

B: Sie erkennen die Länge einer Phrase.Sie können bestimmen, wann und wo eine Phrase beginnt und endet.Sie sind in der Lage, jede Phrase am Ende mit einer Pause zu markieren ohne die Länge der Phrase mitzuzählen, also nur nach Gehör.

Wir müssen uns immer darüber im Klaren sein, dass das Ziel genau den richtigen Umfang haben kann, genau so gut könnte es sich aber auch als zu weitläufig oder, im Gegenteil, als zu kurz herausstellen. Wenn sich im Verlauf des Unterrichts das gesetzte Ziel als zu umfangreich herausstellen sollte, müssen wir die Möglichkeit haben, es zu reduzieren. Um dies zu tun, müssen wir den Unterricht in aufeinander aufbauende Teile aufteilen, die man für den Fall trennen kann, dass der Unterricht nicht so zügig abläuft, wie wir ihn geplant haben. Dieses Vorgehen gestattet es uns, das Ziel in kleinere Einheiten zu zerlegen, ohne dass eine Information unvollständig bleibt, dergestalt dass wir beispielsweise nur zwei statt drei Teile behandeln, diese zwei Teile aber in sich abgeschlossen sind.

Wenn sich das Ziel im Gegenteil als nicht ehrgeizig genug für die Gruppe herausstellt, müssen wir mehr Material bereithalten, um das Unterrichtsziel auszuweiten. Bleiben wir beim gewählten Beispiel, der Erkennen einer musikalischen Phrase. Hier könnte man zum anfänglichen Ziel die Analyse der Rhythmus-Typen hinzufügen, die wir in jeder Phrase vorfinden, und sie mit den rhythmischen Wechseln zwischen zwei Phrasen vergleichen, um daran anschließend diese Wechsel zu üben, indem die Tänzer mit einfachen, doppelten oder halben Schritten gehen, den rhythmischen Wechseln zwischen den Phrasen folgend. Für diesen Fall müssen wir didaktisches Material vorbereitet haben, das heißt konkret, Musik für jeden dieser Fälle, allerdings unter Berücksichtigung unserer Absicht, das ursprüngliche Ziel auszuweiten.

Es kann vorkommen, dass das Ziel von Anfang an zu umfangreich ist. In diesem Fall wird man eine Reihe von Unterrichtsstunden planen müssen, um zu erreichen, was in einer einzigen Unterrichtsstunde unmöglich zu erreichen wäre. Man muss das Material so organisieren, dass jede Unterrichtsstunde mit jeder anderen auf eine progressive Art verkettet ist, mit klaren Zielen für jede Unterrichtsstunde im Hinblick auf die Erreichung des übergeordneten Ziels.

Ein weiteres sehr wichtiges Thema im Hinblick auf das Unterrichtsziel ist die Anzahl der Führer und Begleiter in der Gruppe, die vom Thema und vom Punkt, an dem wir uns im Unterricht gerade befinden, abhängt. Folgen wir dem vorgeschlagenen Beispiel: das Erkennen des Beginns und des Endes der Phrasen. Man kann diese Arbeit mit Einzelpersonen machen, wenn man am Anfang des Prozesses ist, ebenso die praktischen Übungen dazu am Platz und einzeln. Hat man genügend an diesem Thema gearbeitet, wird man in einer folgenden Stunde und auf dem nächsten Niveau das Gleiche üben, aber paarweise, wobei die Zusammensetzung der Klasse so beschaffen sein muss, dass gleich viele Teilnehmer für beide Rollen da sind. Infolgedessen hängt auch die Zusammensetzung der Klassen vom Thema und dem Unterrichtsziel ab.

3: Das didaktische Material

Bezüglich der didaktischen Materialien müssen wir die folgenden Punkte in Betracht ziehen:

3-1: Auswahl des Materials je nach rhythmischem Fall
3-2: Vorbereitung des ausgewählten Audio-Materials in Abschnitten.
3-3: Vorbereitung der Graphiken und Diagramme, falls nötig

3-1: Auswahl des musikalischen Materials je nach rhythmischem Fall

Wir müssen ein klares Bewusstsein für die Art von Musik haben, die für jedes Thema benötigt wird. Die Beispiele sollten aufgrund ihrer Klarheit und nicht aufgrund einer Affinität zu einer bestimmten Art von Musik, die der Lehrer gerade hat, gewählt werden. Zum Beispiel könnte uns Tanturi sehr gefallen, aber wenn das Unterrichtsthema lautet: "die rhythmischen Veränderungen, die sich mit jedem Phrasenwechsel ergeben", dann ist es möglicherweise nicht die beste Musik, weil Tanturis Musik normalerweise viele Verdoppelungen im gesamten Tango aufweist. Allerdings kann es tatsächlich ein sehr gutes Material sein, wenn man die Schritte auf verdoppelten Zählzeiten unterrichtet, also bei der Einführung des Themas „Verdoppelungen".

Wenn ein rhythmischer Fall zum ersten Mal vorgestellt wird, also am Anfang der Ausführung, kommt eine weitere wichtige Eigenschaft des Materials zum Tragen. Das Beispiel muss lang genug dauern, um überhaupt wiedererkannt werden zu können. Wenn wir zum Beispiel mit Synkopen arbeiten und ein Beispiel für Synkopen verwenden, das klar ist, aber nur einmal in einer Phrase auftritt, es ist nicht gut für die Arbeit, weil die Schüler keine Zeit haben, um die Synkopen zu identifizieren; und selbst wenn sie sie erkennen würden, könnten sie sie in der Praxis nicht immer und immer wiederholen und üben, weil ihr Auftreten insgesamt zu kurz ist. In diesem Fall müssen ein Beispiel finden, das oft genug wiederholt wird, um den Rhythmus-Typ wiedererkennen und auch mehrfach üben zu können, und wenn es auch sein kann, dass die Schüler es nicht beim ersten Mal erkennen, so doch sicherlich beim zweiten oder dritten Mal.

Wenn das Erkennen und Wiedererkennen des Beispiels gelingt und der gelernte Schritt gut ausgeführt wird, dann ist es gut, ein Material zu haben, das Kontraste zwischen dem erarbeiteten rhythmischen Fall und anderen anbietet, so dass nach ein oder zwei Phrasen mit dem gerade Erlernten andere Rhythmen erscheinen, wobei die Tänzer diese Änderungen erkennen und ihre Bewegungen daran anpassen müssen.

Wenn es auch gut ist, einen Musikabschnitt mit dem gleichen rhythmischen Fall so lange zu wiederholen, bis er gut funktioniert, so müssen dennoch mehrere Beispiele für den gleichen rhythmischen Fall zur Verfügung stehen, um die Schüler nicht zu ermüden, wenn das gleiche Musikbeispiel zu oft gehört wurde. Die alternativen Beispiele sollten den gleichen rhythmischen Fall aufweisen, aber von verschiedenen Orchestern gespielt werden, die sich in Stil, Geschwindigkeit und so weiter unterscheiden, so dass die Tänzer lernen, den gleichen rhythmischen Fall in verschiedenen Versionen von verschiedenen Orchestern wiederzuerkennen. Wir sollten auch den Grad der Schwierigkeit verändern, beginnend mit der einfachsten Ebene und allmählich im Niveau fortschreiten.

Angesichts der immensen Anzahl von Tango-Musik, Künstlern und Orchestern ist es sehr schwierig, einen allgemeinen Standard für jeden rhythmischen Fall anzugeben, aber wir können allgemein folgendes sagen:

Einfacher und doppelter Schritt

Sehr geeignet ist der Zeitraum von 1927 bis 1932 mit Orchestern wie Los Provincianos (1931), Tipica Carabelli (1930-31), Tipica Victor (1931-32), Instrumental-Aufnahmen von Osvaldo Fresedo und seinem Orchester der Jahre 1928 bis 1935, Francisco Canaro mit seinem "Quinteto Pirincho", Juan D'Arienzos Sextett zwischen 1927 und 1928, Roberto Firpos Orchester 1930/31. Auch Anibal Troilo 1943, Juan D'Arienzo zwischen 1930 und 1940, das Carlos Di Sarli Sextett und sein Orchester und Aufnahmen von Ricardo Tanturi (Instrumentalstücke oder Aufnahmen mit dem Sänger Alberto Castillo).

Es gibt Hunderte anderer Möglichkeiten, diese sind einige, die ich empfehlen kann.

Halbe Schritte

Carlos Di Sarli im allgemeinen, Anibal Troilo nach 1950, Pugliese von 1940-1953. Aus didaktischer Sicht sind weder Pugliese noch Troilo in ihrer letzten Periode empfehlenswert, – auch wenn sie uns sehr gefallen sollten – denn ihre Pausen dauern nicht genau so lang wie ein halber Schritt, sondern sie werden ohne ein präzises Maß verlängert und verwirren so den Tänzer im Lernprozess. Die Pausen in dieser letzten Periode von Pugliese haben wenig vorhersagbare Längen, und um sie im Tanz darzustellen, muss man die Melodien im Voraus kennen, sie also antizipieren können. Wenn wir diese unregelmäßigen Pausen gefühlsmäßig erfassen können, gibt es keine Probleme, aber für den Unterricht der Halben Schritte ist diese Musik keine gute Wahl.

Synkope

Sie finden sich in den Tango-Versionen aller Orchester und in allen Perioden, aber besonders in den 1940er und 1950er Jahren. Es ist nicht leicht, komplette

Phrasen mit Synkopen zu finden, aber bei Troilo, Pugliese und Di Sarli gibt es gute Beispiele.

Off-beat

Sein Vorkommen hängt nicht von einem bestimmten Zeitraum oder Orchester ab, weil wir dieses Phänomen in der Melodie eines Tangos finden. Es ist weder ein Problem der Interpretation noch eines Tangos im Einzelnen, ob die Melodie in den betonten Zählzeiten schweigt und die Akzente auf der zweiten und vierten Zählzeitliegen, also dieser Off-beat-Effekt vorkommt. Deshalb kann man ihn in allen Orchestern vorfinden.

3-3-2er-Rhythmus

Um dieses Thema zu erklären, kann man sehr gut mit Material aus der Produktion von Astor Piazzolla der 80er Jahre arbeiten, bis man die 3-3-2er-Synkopen klar erkennen kann. Im traditionellen Tango finden wir sie in vielen Orchestern, darunter bei Canaro, De Caro, Troilo, Pugliese und Piazzolla 1946, aber immer in kurzen Abschnitten, in der Regel in der Länge einer Phrase. Es gibt gute Beispiele für diesen Rhythmus in einer Schallplattenaufnahme von Piazzolla mit dem Titel "Sein erstes Orchester" (traditioneller Tango) von 1946 und viele in den Versionen von Pedro Laurenz, ebenso in der Musik von Troilo und Pugliese. Bei De Caro finden wir sie auch, aber die Aufnahmen dort sind nicht so klar.

Verschiedene Arten der Melodie-Behandlung

die Melodie ohne Orchester-Begleitung, mit Orchester-Begleitung, eine Melodie gegen eine andere Melodie, nicht simultane Melodien und so weiter:

alle Orchester aus allen Epochen bieten gute Beispiele für alle diese Fälle mit Ausnahme einer Periode von D'Arienzo oder Biaggi in den 40er und 50er Jahren. Es ist ein Zeitraum, in dem der Tangotanz zu einem Massenphänomen wurde und die Orchester übertrieben stark den Rhythmus betonten, so dass rhythmische Besonderheiten der Melodie wenig Raum hatten.

Wenn man das Thema des Unterrichts klar festgelegt hat, wählt man aus seiner Sammlung geeignete Beispiele aus, die klar sind und lang genug dauern, und fährt dann mit der Vorbereitung der Audio-Tracks für den Unterricht fort.

3-2: Vorbereitung des Audio-Materials

Man muss die Arbeit der Reihe nach auf jeweils einen rhythmischen Fall konzentrieren. Meist kann man in jedem Tango Phrasen mit sehr verschiedenen Rhythmen finden. Es kann vorkommen, dass der für uns brauchbare Anteil der Musik nur ein kurzes Stück des gesamten Tangos ausmacht. Es ist nützlich, diesen Teil mit dem Beispiel für unsere Arbeit zu isolieren und so oft wie notwendig zu wiederholen. Das Arbeiten mit einem kurzen Teil der Musik, der das Beispiel klar erkennen lässt, erlaubt es den Tänzern, das Beispiel oft und in kurzer Zeit zu hören – eine Phrase dauert etwa acht bis zehn Sekunden, in drei Minuten werden sie sie also zehn bis zwölf Mal gehört haben. Das erlaubt es, das Beispiel zu verstehen und in einer Zeitspanne zu üben, die im Vergleich zu dem, was notwendig wäre, wenn wir das Beispiel nur einmal in der Mitte des gesamten Tangos hören würden, sehr viel kleiner ist.

Zu diesem Zweck verwenden wir das Audio-Editing-Programm, das wir schon in Kapitel 15 bei der Planung der Choreographie benutzt haben, wo seine Anwendung schon im Detail erklärt wurde. An dieser Stelle werden wir nur seine spezifische Verwendung für die Vorbereitung des didaktischen Materials betrachten. Wenn Sie bezüglich der Verwendung des Programms Zweifel haben, lesen Sie bitte noch einmal den Teil im Zusammenhang mit der Verwendung des Audio-Editing-Programms "Audacity", das man kostenlos im Internet erhält.

•*3-2-1* Öffnen Sie das Programm Audacity, klicken Sie im "Datei"-Menü auf "Öffnen". Der Browser öffnet sich und zeigt die verschiedenen Ordner Ihres Computers: Wählen Sie den Ordner, in dem Sie Ihre Tangos gespeichert haben, wählen Sie den benötigten Titel aus und klicken Sie auf "OK".

•*3-2-2* Nach dem im Kapitel 15 "Choreographische Planung" beschriebenen Verfahren wählen Sie den Teil der dargestellten Schallwelle (Wellenform) mit dem rhythmischen Beispiel aus, setzen den Cursor eine Phrase vor dem Ausgangspunkt Ihres Teils und ziehen ihn durch die Schallwelle, wieder eine Phrase nach dem Abschnitt, mit dem Sie arbeiten wollen. Der ausgewählte Abschnitt umfasst den gesamten Abschnitt, den Sie gewählt haben, und zusätzlich eine Phrase davor und eine danach. Im Menü "Bearbeiten" wählen Sie "Kopieren".

•*3-2-3* Gehen Sie wieder ins Menü "Datei" und wählen Sie "Neu". Ein neues Programmfenster wird geöffnet. Im Menü "Bearbeiten" wählen Sie "Einfügen" aus. Die Schallwelle, die Sie kopiert haben, erscheint als neue Audiodatei. Dies ist die Datei, mit der wir jetzt weiter arbeiten.

•*3-2-4* Setzen Sie den Cursor an das Ende der Schallwelle. Jetzt wählen

Sie im Menü „Generieren" die Funktion „Silence…", geben als Länge einen Wert zwischen fünf und zehn Sekunden ein und klicken auf „Stille erzeugen". Am Ende der Aufnahme gibt es jetzt eine Pause, durch die die Tänzer sich etwas entspannen können und sich auf die nächste Wiederholung vorbereiten können.

•*3-2-5* Stecken Sie den Kopfhörer in den Computer. Mit dem Cursor am Anfang der Schallwelle, drücken Sie die "Record"-Taste. Sie hören die Musik. Wenn der Teil mit dem Beispiel zu hören ist, den Sie zum Unterrichten brauchen, schlagen Sie mit Klangstäben die Zählzeiten, die Sie betonen wollen, bis dieser Teil abgeschlossen ist, dann hören Sie auf zu schlagen. Stoppen Sie die Aufnahme mit der Stopp -Taste. Ein Beispiel: Wenn Sie das Gehen des einfachen Schrittes unterrichten wollen, muss jede erste und dritte Zählzeit in dem Teil der Musik, den Sie benutzen wollen, geschlagen werden. Die neue Audio-Spur hat die Musik ihres Beispiels mit den Betonungen durch die Klangstäbe während des gesamten Beispiels und endet mit fünf oder zehn Sekunden Stille, die als Pause zwischen den Wiederholungen dient.

•*3-2-6* Sie können diese von Ihnen neu erstellte Spur kontinuierlich, also ohne Halt abspielen. Damit können Sie sich auf die Arbeit mit einem Paar konzentrieren oder jemanden berichtigen, während der Rest weiterhin mit der Musik arbeitet, die immer weiter klingt. Um dies tun zu können, drücken Sie beim Abspielen die "Shift"-Taste. Wenn Sie sie gedrückt halten, wird die Schaltfläche "Play" zur "Endlosschleife". Jetzt wird die Spur mit dem Beispiel, das Sie bearbeitet haben, immer wieder gespielt, bis Sie es mit der "Stopp"-Taste beenden. Die Aufnahme der Stille am Ende der Tonspur wird eine Pause zwischen den einzelnen Wiederholungen lassen, so dass die Tänzer sich neu aufstellen können, bevor die Übung wiederholt wird. Diese Pause können Sie später verlängern oder verkürzen, indem Sie am Ende der Datei die vorher eingefügte Stille markieren und über das „Generieren"-Menü (vergleiche 3-2-4) den neuen Wert eingeben.

Wenn Sie keinen Computer während Ihres Unterrichts zur Verfügung haben, können Sie die Datei, die Sie erstellt haben, auf eine CD brennen und sie im Unterricht mit einem CD-Player abspielen. Voraussetzung dafür ist, dass Sie die Datei im WAV-Format abspeichern. Um dies zu tun, gehen Sie zum Menü "Datei", wählen "Export als WAV-Datei" und speichern das Projekt.

3-3: Vorbereitung der Graphiken

Das graphische System der Notation von Musik für Tänzer , das wir hier verwenden, ist ausführlich im Kapitel 15 „Choreographische Planung“ beschrieben worden. Es stellt die musikalischen Zählzeiten und die Stellen dar, an denen die Schritte in Bezug auf die Musik gesetzt werden. Es ist KEIN System zur Beschreibung der Tanzschritte und Figuren.

Die Graphiken sollten etwa die Größe einer Tafel haben und sollten an einem Ort aufgestellt werden, an dem man sie klar sehen kann und der für die rhythmische Arbeit am Ort geeignet ist.

Grundsätzlich brauchen wir sie, um die Stellen mit den Akzenten in der Musik und die daraus folgenden Orte der Schritte oder Bewegungen zu verdeutlichen.

Während Sie die Übungen an Ort und Stelle machen, sind die Diagramme eine große Hilfe, denn die Tänzer können eine graphische Darstellung von dem sehen, was sie hören. Das, was Sie hören, ereignet sich in Echtzeit: Sobald die Musik erklungen ist, ist sie auch schon wieder weg, aber die Graphik bleibt vor Augen. Das Ergebnis bei der Identifizierung der rhythmischen Fälle ist im Vergleich zur Arbeit nur mit der Musik sowohl hinsichtlich der Qualität als auch der Geschwindigkeit des Verstehens viel besser, wenn man mit Graphiken arbeitet.

4: Das Unterrichtsverfahren

Wir verstehen darunter die Summe aller Verfahren und Maßnahmen, die das Erreichen der Unterrichtsziele als evolutionären Prozess an sich auffassen. Werfen wir im folgenden einen Blick auf einige seiner Aspekte:

4-1: Verinnerlichung des musikalischen Materials – Das Mitsprechen und Mitsingen als Faktor für die Aneignung der Musik

Die Musik, die erklingt, ist am Anfang ein externes Element für die Hörer. Jede neue Note der Melodie, die erklingt, hören wir unmittelbar nach dem Augenblick, in dem sie erklungen ist – obwohl diese Zeit minimal ist, geschieht der Akt des Hörens nach dem Klang.

Wichtig ist, den Klang, der das Innenohr des Tänzers erreicht, zu verinnerlichen, die Rolle des passiven Empfängers eines Klanges in die Rolle des aktiven Urhebers des Klanges zu verwandeln: das Innenohr „spielt“ die Musik gleichzeitig mit der Aufnahme.

Wie funktioniert das? Wenn wir einen Ton von uns geben, dann stellen wir ihn uns zunächst vor und denken ihn, bevor wir ihn ausstossen. Wenn wir irgendeine Note in einer bestimmten Tonhöhe singen, bemerken wir, dass wir nach einer mehr oder weniger langen Pause wieder genau die gleiche Note in exakt derselben Tonhöhe singen können. Das Gehirn hat die Erinnerung an die erste Note gespeichert, und vor dem Singen der zweiten Note hat es sich an die erste Tonhöhe erinnert, hat sich die neue Note vorgestellt, hat diejenigen Muskeln angewiesen, die die Stimmbänder in eine gewisse Spannung bringen, so dass die Tonhöhe die gleiche ist, und erst nachdem all das getan ist, lässt es die Stimme die zweite Note singen. Die Note wurde gedacht, bevor sie gesungen wurde. Der Prozess der Vorstellungskraft hat vor dem Ton stattgefunden.

Wenn wir es erreichen können, dass der Schüler das, was erklingt, verinnerlicht – sei es ein Begleitrhythmus oder eine Melodie – und singen oder rhythmisch sprechen kann und es mehrmals übt, dann wird diese Person nun in seiner eigenen Zeit mit seinem Innenohr dem Klang voraus sein.

Dies ermöglicht ihm eine Antizipation und Vorbereitung für die Körperbewegung, und mit seinem Körper wird er nun die rhythmischen Variationen der Musik kopieren können. Der wichtigste Aspekt im Prozess der Verinnerlichung ist die mehrmalige Wiederholung der gleichen Melodie oder des gleichen rhythmischen Musters, bis der Tänzer beziehungsweise eine Gruppe von Tänzern diese erkennen und sich daran erinnert kann.

🎧 Übung: Ohne irgendeine Bewegung, nur am Platz stehend, hören die Tänzer sorgfältig mehrere Male das Beispiel, bis sie es leicht wiedererkennen.

4-2: Der Gesang als Werkzeug für die Integration der Musik: Singen oder "sprechen" der Melodie

Das brauchbarste Instrument, um das, was man hört, in Bewegung umzusetzen, ist die Reproduktion des Klanges mit unserer Stimme, also das Singen. Man könnte es sehr schwierig finden, die Menschen zum Singen zu bringen. Im Allgemeinen sind die meisten Menschen nicht gewohnt zu singen. Es ist nicht nur eine Frage der Fähigkeit: Es gibt eine Menge von Hemmungen und Ängsten, sich durch Gesang auszudrücken, vor allem aber ist es die Angst, den Ton nicht zu treffen. Darauf zu bestehen und die Menschen zum Singen zu zwingen, kann das Gegenteil dessen bewirken, was wir erreichen wollen und zu einer Blockade beim Tänzer mit kontraproduktiven Effekten für seine Fortschritte führen.

Aber weil im Falle des Tanzens die richtige Intonation nicht wichtig ist, sondern nur die rhythmische Artikulation der Musik, können wir in den Fällen, in denen Menschen nicht singen können oder wollen, den Gesang durch die Technik des "Sprechens" der Musik ersetzen. Anstelle des Singens sagt man die Noten ohne Intonation, also nur die Silben "la, la, la, und so weiter" zum Rhythmus der Musik, aber OHNE Intonation, auf diese Weise verschwindet das Problem, die richtige Tonhöhe beim Singen zu treffen.

🎧 Hören Sie sich Audio 1-16 an, um zu verstehen, was mit dem "Sprechen der Musik" gemeint ist. Zuerst wird man eine Melodie hören, dann eine Stimme, die das Lied singt und die Akzente markiert. Es folgt eine Stimme, die dieselbe Melodie nun "spricht", die Akzente werden gleichfalls markiert, aber ohne die Noten zu intonieren.

In Bezug auf die Bewegungen erfüllen die beiden Möglichkeiten – die Melodie zu sprechen oder zu singen – ihren Zweck vollkommen gleichwertig, weil wir, wie bereits erwähnt, die exakte Tonhöhe der Noten für den rhythmischen Aspekt nicht brauchen, um den es uns in Bezug auf die Bewegung geht.

Üben Sie das Sprechen und Singen der Melodie oder einer rhythmischen Begleitung mit der Tonaufnahme. Führen Sie die gleiche Übung danach mit einem Tänzer durch, der Probleme damit hat, einem bestimmten rhythmischen Muster zu folgen, um die Ergebnisse, die Sie erzielen, zu überprüfen. Sie werden sehen, wie der Schüler die Übung gleichsam sicher machen kann, die er vorher nicht ausführen konnte, wenn man es erreicht, dass er die Silben zuerst laut und deutlich sagt und dann die Akzente der Melodie markiert, die er sagt oder singt.

Für einige Leute ist es einfacher zu singen und für andere ist es einfacher, einen bestimmten Rhythmus zu sprechen. Beide Möglichkeiten sind gleichermaßen nützlich, deshalb sollte man nicht versuchen, den Schüler zu zwingen, von dem einen Modus in den anderen zu wechseln, sondern lediglich zu erreichen versuchen, dass er eine der beiden Optionen nutzt.

Übung: Wenn die Gruppe mehrere Male das musikalische Beispiel gehört hat, lassen Sie die Melodie oder den Rhythmus, an dem Sie gerade arbeiten, singen oder sprechen. Während des Sprechens sollen diejenigen Silben betont werden, wo sich die Punkte befinden, die wir mit den Bewegungen des Tanzes darstellen wollen.

4-3: Die Kiefer-Bewegung während des Singens und Sprechens und die körperliche Artikulation der Musik mit dem Rest des Körpers

Wenn wir mit Gruppen arbeiten, werden wir feststellen, dass einige der Menschen, die rhythmische Probleme haben, fast murmeln, während sie die Melodie singen oder sprechen. Es ist sehr wichtig zu erreichen, dass der Rhythmus der Melodie oder die Begleitung laut und deutlich gesprochen wird, denn im Prozess der Artikulation der Silben, die man spricht, produziert der Kiefer eine Bewegung im Takt der Musik. Da der Unterkiefer im unmittelbaren Zusammenhang mit dem Ausstoß des Tones steht – er ist Teil der Gruppe von Organen, die den Gesangston erzeugt – ist seine Bewegung viel direkter bei der Reproduktion des erklingenden Rhythmus als der Rest des Körpers. Diese Bewegung wird den Rest der Körperbewegungen steuern, da es sehr schwierig, wenn nicht gar unmöglich ist, eine Abfolge von Silben in einem Rhythmus zu sprechen und auf einem anderen zu gehen. Daher müssen Sie, wenn eine Person Probleme mit der Ausübung einer rhythmischen Übung hat, versuchen, ihm dabei zu helfen, die Musik laut und deutlich zu sagen, denn die Bewegung seines Kieferknochens wird als Führer für die Bewegung des Rests des Körpers funktionieren.

Wenn der Tänzer keine rhythmischen Probleme hat, ist es nicht erforderlich, ihn die Musik singen oder sagen zu lassen, sondern nur dann, wenn er die Übung nicht machen kann oder eine Schwierigkeit auftaucht.

Wichtig: Bitte beachten Sie, dass wir über den spezifischen Fall sprechen, in dem wir musikalische Übungen für Tänzer in einer Klasse machen: Ich schlage nicht vor, dass die Leute in einer Milonga singen sollen, während sie tanzen! Wir dürfen diese zwei Situationen, die völlig verschieden sind, nicht miteinander verwechseln.

Übung: Lassen Sie die Gruppe mehrere Male zur Musik singen oder sprechen. Sobald die Schüler es können, lassen Sie sie die Akzente der Melodie, wo die Schritte oder Figuren ausgeführt werden, wenn wir mit der Melodie tanzen, mit der Hand in die Luft machen oder mit den Händen auf ihre Hüften schlagen. Verwenden Sie nicht die Hände zum Klatschen des Rhythmus, weil es Lärm macht und es dann nicht mehr möglich ist, die Musik zu hören.

4-4: Das Üben an Ort und Stelle. Die Verwendung von Graphiken

Das Tanzen an Ort und Stelle ist einfacher für die Tänzer als das Üben mit Ortswechsel im Tanzsaal, weil es nur aus dem abwechselnden Platzieren des Gewichtes von einem Fuß auf den anderen an den entsprechenden Stellen der Akzente in der Musik in Übereinstimmung mit jedem Beispiel besteht. Deshalb ist das Setzen der Schritte mit den Akzenten am Ort wichtig für den Lernprozess, bevor man mit den Bewegungen auf der gesamten Tanzfläche beginnt.

Das ist der Punkt, an dem die Diagramme mit den graphischen Darstellungen der musikalischen Zählzeiten ins Spiel kommen. Die Visualisierung ist sehr wichtig, während man am Platz übt, denn zum auditiven Element kommt das visuelle in Form des Diagramms hinzu, und alles wird viel klarer für den Tänzer, der die Übung ausführt. Auf der anderen Seite ist der Klang etwas, was in Echtzeit geschieht, Augenblick für Augenblick. Hingegen befindet sich die Graphik permanent im Blickfeld des Tänzers, auch wenn die Musik bereits verklungen ist. Dadurch hat er den vollständigen Überblick über die musikalische Phrase, dargestellt in der Graphik, während der ganzen Zeit, die er braucht, um sie zu verstehen.

Übung: Wenn man es schon erreicht hat, dass die Tänzer das musikalische Material, mit dem gerade gearbeitet wird, singen oder sprechen, und sie darüber hinaus entschieden haben, wo die Punkte für das Setzen der Schritte bei dieser Melodie oder diesem musikalischen Motiv liegen, positioniert man die Schuhe an diesen akzentuierten Stellen im Diagramm, in Übereinstimmung mit dem rhythmischen Beispiel, das gerade bearbeitet wird. Lassen Sie die Schüler, während sie das Diagramm sehen können – die Diagramme müssen an einer Wand sein, an der man sie während des "Tanzens auf der Stelle" leicht lesen kann – , die Schritte am Ort ausführen, indem sie das Gewicht an den angezeigten Stellen von einem Fuß auf den anderen verlagern. Sie sollten die Melodie oder den Rhythmus des Beispiels zusammen mit den Bewegungen mitsingen oder mitsprechen. Wiederholen Sie die Übung so oft wie nötig, bis alle sich richtig bewegen. Wenn ein Schüler die Übung nicht beherrscht, stellen Sie sicher, dass das Sprechen oder Singen klar ist und dass er gut mit dem Mund die Silben artikuliert. Wenn ein Schüler die Melodie nicht sprechen oder singen kann, darf man nicht darauf bestehen, sondern kann ihm helfen, indem man ihn umarmt und mit ihm zusammen geht in Übereinstimmung dessen, was im Diagramm steht. Hier sei noch einmal daran erinnert, dass die Personen, die die Übung gut ohne Singen schaffen, sie nicht machen müssen, so dass es keinen Grund gibt, auf diesen Punkt zu beharren.

4-5: Das Üben mit Platzwechsel

Wir befinden uns jetzt auf einem höheren Niveau als beim Üben am Ort. Es ist die gleiche Arbeit, die wir beim Tanzen am Ort gemacht haben, aber jetzt gehen wir durch den Tanzsaal rund um die Tanzfläche und ohne Blick auf die Diagramme mit den Graphiken der Schritte. Wenn man ein Bewegungsmodell oder einen Schritt im Detail vorstellt, um einen speziellen Rhythmus zu interpretieren, ist es zweckmäßig, zuerst die Stufe des einfachen „Gehens" des Rhythmus zu durchlaufen und den Schritt oder die Figur erst auf einer zweiten Stufe unserer Übung hinzuzufügen. Es ist auch wichtig, dass der Schritt oder die Figur möglichst einfach ist, denn das Ziel ist in erster Linie die Musik und nicht die Choreografie, wenn wir Musik im Tango unterrichten. Dies ist anders, wenn wir in einer Tanz-Klasse sind, wo das Thema die Figur ist. Je einfacher das Modell ist, desto schneller werden die Schüler ein positives Ergebnis erhalten. Man muss nach Möglichkeit mehr als eine Bewegung oder einen Schritt für den Fall vorbereitet haben, dass man einige von ihnen nicht leicht realisieren kann, und sie sollten nach Schwierigkeitsgraden geordnet sein, vom leichten bis zum schwierigeren. Es ist selbstverständlich, dass man nicht zu einem schwierigeren fortschreitet, bevor man nicht die leichteren erreicht hat.

Übung: Wenn die Gruppe die Musik mehrere Male gehört hat, die Schüler sie singen oder sprechen können, die Akzente platzieren und die Schritte am Ort mit den Akzenten zusammen setzen können, lassen Sie sie gehen, während sie die Melodie singen und die Schritte auf die Punkte der Akzente setzen. Nur wenn sie gut gehen können, arbeitet man mit dem Schrittmodell, das man vermitteln möchte, soweit vorhanden. All diese Arbeit ist individuell, man darf die Gruppe erst dann im Paar arbeiten lassen, wenn die Tänzer die Übung gut und leicht allein beherrschen.

4-6: Übertragung der Bewegung auf das Tanzpaar

Zu allem, was wir bereits gesehen haben – die Verinnerlichung der erklingenden Musik, das Singen- oder Sprechen-Können, sich mit der Musik bewegen zu können – muss der Tänzer jetzt seine Bewegungen mit denen der anderen Person verbinden, um als Paar zu tanzen. Jetzt wird er sich nicht von einer gelernten Folge führen lassen, die automatisch ausgeführt wird, sondern die Bewegungen werden durch die Veränderungen in der Musik bestimmt. Er muss alle diese Bewegungen, wenn sie in der Musik vorkommen, auf das Paar übertragen, wenn er der Führende ist, oder das, was er überträgt, interpretieren, wenn er der Folgende ist.

Aus diesem Grund ist es sehr wichtig, die Arbeit im Paar nicht eher zu beginnen, bis alle zuvor skizzierten Phasen des Lernprozesses in Einzelarbeit abgeschlossen sind und die Gruppe oder der Schüler die Schritte gut und sicher beherrschen, weil es keine einfache Aufgabe ist.

Wenn wir anfangen, im Paar zu arbeiten, werden wir sehen, wie einige Leute, die die Übung einzeln sehr gut konnten, jetzt mit einem Tanz-Partner Probleme haben. Wir müssen die Art des Problems unterscheiden: ist es ein musikalisches Problem oder ein Problem der Kommunikation bezüglich der Bewegungen? Wir werden sehen, dass viele Fehler bei der Gewichtsverteilung auftreten, die dazu führen, dass man sich stößt und tritt, sowie Schwierigkeiten bei der Koordinierung der Bewegungen. Wenn dies der Fall ist, müssen wir mit den Tänzern die Konzepte der Führung, Gewichtsverteilung, des Bewusstseins für die Gewichte beider Partner und so weiter prüfen, oder wir werden tanztechnische Probleme so korrigieren, als seien es musikalische Probleme.

Eines der Dinge, die ein Lehrer berücksichtigen muss, wenn er diese Arbeit macht und diesen Fehler vermeiden will, ist es, gut zu beobachten und sich zu erinnern, welche Personen die Übung gut allein gemacht haben, damit er, wenn er sieht, dass diese Person Schwierigkeiten beim Arbeiten im Paar hat, beurteilen kann, ob das Problem musikalischer oder tanztechnischer Natur – Führung, Gewicht, Achse, usw. – ist. Wenn er individuell gut gearbeitet hat, so kann man annehmen, dass das Problem nicht ein musikalisches ist. Außer den technischen Problemen, die möglicherweise auftreten, wird die große Mehrheit der Menschen Probleme beim Arbeiten im Paar haben, weil vor allem die Führenden es schlichtweg nicht gewohnt sind, während des Tanzens einen Großteil der Aufmerksamkeit auf die Musik zu richten. Im Allgemeinen tanzen sie mit aller Konzentration auf die Führung und die Tanzwege, denken daran, mit welchem Schritt sie ihren jetzigen fortsetzen und so weiter. Wenn sie jetzt beim Tanzen auf die Musik achten müssen, nimmt diese neue Haltung ihre ganze Konzentration in Anspruch und gestattet ihnen nicht, gleichzeitig an die anderen Themen zu denken. Man muss den Tänzern erklären, das es nur eine Frage des Trainings ist und man durch Übung das Gleiche machen, aber gleichzeitig auch auf die Musik achten kann.

Hinsichtlich der Führung tanzen viele Paare feste Schrittfolgen, die zuvor geplant wurden. Beide Seiten kennen die Bewegungen auswendig. Das führt dazu, dass in diesem Fall eine Führung nicht wirklich notwendig zu sein scheint. Für den Versuch, unser Tanzen an die Wechsel in der Musik anzupassen, muss die Führung effizient und klar sein, denn das ist es, was uns erlaubt, zu gehen und dabei die Schritte an die Musik anzupassen. So kann auch der Folgende sofort und ohne Zweifel folgen.

Auf der anderen Seite ist es äußerst wichtig, dass der Folgende der Musik gut zuhört, denn wenn er die Wechsel in der Musik nicht hört, reicht es nicht, mit der Führung nur die Richtung anzuzeigen, sondern jetzt ist der Führende gezwungen, den Folgenden zusätzlich den Rhythmus aufzunötigen und ihn an die richtige Position zu ziehen, um rechtzeitig in dem Moment, in dem der Rhythmus wechselt, anzukommen. Das macht das Tanzen höchst schwer und mühsam für den Führenden.

Wichtig: Um die Aufmerksamkeit des Folgenden auf die Musik zu verstärken, wenn man das Gehen im Paar erarbeitet, muss man die Positionen im Paar umkehren, so dass jetzt der Folgende die Rolle des Führenden übernimmt. Auf diese Weise wird der Folgende entscheiden müssen, wann sie sich bewegen, wann sie anhalten, ob sie doppelte, einfache oder halbe Schritte tanzen will und so weiter. Noch einmal: diese Arbeit des Rollentausches muss auf der Übungs-Stufe des „Laufens“ gemacht werden und nicht, wenn die Schritte und Figuren getanzt werden, da ja neunzig oder mehr Prozent der Folgenden nicht wissen, wie man führt, wenn sie die Figuren und Schritte machen, und das wird sie unnötig stressen.

Zusammenfassungen der einzelnen Schritte im Unterrichtsverfahren

1: Man lässt die Gruppe oder den Schüler das musikalische Beispiel mehrere Male am Ort ohne jede Bewegung hören.

2: Man lässt sie das musikalische Beispiel am Platz singen oder sprechen.

3: Während des Singens finden die Schüler die Punkte der Akzente der Melodie oder des Rhythmus und markieren sie mit der Hand in der Luft oder schlagen mit den Handflächen auf die Beine oder die Hüfte.

4: Am Ort – ohne Platzwechsel – betrachtet man die Graphiken, wenn man sie für den rhytmischen Fall braucht, wechselt das Gewicht von einem Fuß auf den anderen an den Stellen, wo man die Schritte setzen würde, indem man die Musik laut und deutlich mitspricht oder mitsingt.

5: Man macht die gleiche Übung noch einmal, aber dieses Mal ringsherum im Saal gehend, immer allein.

6: Man macht die Übung paarweise, einmal als Führender, das andere Mal als der Folgende auf der Übungsstufe der „Gehens“ nicht aber beim Tanzen.

7: Man übertragt das Gelernte auf andere musikalische Beispiele mit der gleichen Rhythmusart.

Kapitel 17: Unterrichtung eines Schrittes oder einer Figur ausgehend von der Musik

Im vorhergehenden Kapitel haben wir die verschiedenen Aspekte des Unterrichts der Tangomusik für Tänzer, die keine musikalische Ausbildung haben, gesehen.

In diesem Kapitel hingegen werden wir sehen, wie die Musik als Ausgangspunkt für die Unterrichtung eines Schrittes oder einer Figur genutzt werden kann.

Verschiedene Elemente sind hierbei zu berücksichtigen:

A: Die Figur oder der Schritt, die/der unterrichtet werden soll

A-1: Die Schwierigkeitsgrad der Figur/Schritt

Das Maß an Komplexität sollte dem Stand der Schüler angepasst sein und ihre technischen Möglichkeiten nicht überfordern.

A-2: Die Länge der Figur

Nach Möglichkeit sollte sie nicht länger als acht einfache Schritte sein, da dies gewöhnlich der Länge der musikalischen Phrase entspricht. Dieser Punkt ist nicht obligatorisch, da die Figur an rhythmische Veränderungen in der Musik angepasst werden kann, für den Fall, dass sie länger als die Phrase ist und die nächste Phrase einen anderen Rhythmus hat. Außerdem ändert sich in vielen Fällen der Rhythmus nicht schon nach acht einfachen Schritten, sondern bleibt noch für eine weitere Phrase im selben Tempo. Wenn man den Tango kennt, kann man die rhythmischen Veränderungen vorhersehen und eine längere Schrittfolge an einer Stelle tanzen, an der die Musik länger im gleichen Rhythmus bleibt. Es ist aber besser, die Figur in der Länge einer regelmäßigen Phrase – acht einfache Schritte lang – oder ein wenig kürzer zu planen.

A-3: Die technischen Elemente der Figur

Wir müssen im Voraus die technischen Elemente der Figur bestimmen, die wir unterrichten wollen, z.B. Dissoziation, Rückwärtsschritt der Frau, Pivot, etc.

Es ist wichtig, technische Übungen zu diesen Elementen vorzubereiten. Abhängig von der Gruppe oder dem Tänzer, mit dem wir arbeiten, können wir die Übungen zu Beginn der Stunde machen, bevor wir zur eigentlichen Figur kommen. Oder aber, wir können direkt mit der Figur beginnen und technische Probleme, die auftauchen, mit Hilfe der Übungen lösen.

A-4: Die Unterteilung der Figur

Wenn die Figur länger ist, ist es hilfreich, sie in kleinere Teile aufzubrechen, die den Lernprozess erleichtern und beschleunigen. Diese kleineren Teile sollten nur aus einigen wenigen Schritten bestehen und mehrfach wiederholt werden, bevor man zum nächsten Teil übergeht. Setzen Sie nicht die gesamte Figur zusammen, bevor die Schüler nicht alle Einzelteile beherrschen.

Während dieser Arbeitsphase sollte der Rhythmus der Schritte immer mit einem zusätzlichen rhythmische Hinweis markiert werden.

Schauen Sie sich Video 1-17 an, in dem ein Paar die Figur macht, die wir in diesem Kapitel benutzen. Zuerst sehen Sie die komplette Figur, dann die gleiche Figur in zwei Teile unterteilt.

A-5: Die Zuordnung der Figur zu ihrem rhythmischen Typ

Wir sollten im Voraus bestimmen, zu welcher Art von Rhythmus die zu unterrichtende Figur/Schritte am besten passt. Einige Figuren lassen sich deutlich einem bestimmten Rhythmustyp zuordnen, bei manchen ist es weniger deutlich und sie haben gemischte Elemente. Die Figur rhythmisch zu klassifizieren ist hilfreich für das Improvisieren der Tänzer. Wenn ein Tänzer später die entsprechende Musik hört, kann er die Figur benutzen. Höchstwahrscheinlich werden nicht alle Schritte der Figur im selben Tempo sein. Aber normalerweise gibt es ein übergreifendes Tempo: eher schnell oder eher langsam, Musik mit einem klaren Vierschlag-Rhythmus oder vielleicht ganz im Gegenteil mit vielen Pausen und langgezogenen Melodiebögen.

Die Figur, die wir in diesem Beispiel verwenden wollen, passt gut zu verdoppelten Schritten.

Schauen Sie sich erneut Video 1-17 an, in dem ein Paar die Figur im doppelten Tempo tanzt.

A-6: Variationen der Figur – wenn möglich – um sie mit verschiedenen Rhythmen zu verwenden

Es ist erstrebenswert – falls möglich – die gleiche Figur auf verschiedene Rhythmen angewandt zu unterrichten. Auf diese Weise erhöht sich die Chance, dass die Schüler die Figur beim Improvisieren tatsächlich verwenden und dadurch ihr Repertoire erweitern. Manche Figuren lassen sich leichter an verschiedene Rhythmen anpassen als andere.

Wenn die Figur, mit der wir arbeiten, aus acht Schritten im doppelten Tempo besteht, wird sie länger sein, wenn wir stattdessen einfache Schritte tanzen. In diesem Fall können wir die Figur entweder an die Phrase anpassen, indem wir sie kürzen, oder aber wir verwenden sie für Stellen, an denen sich der Rhythmus über zwei Phrasen hinweg nicht ändert.

Wenn Sie diesen Punkt bearbeiten wollen, sollten sie vorher Musik für die jeweiligen Variationen auswählen und auch das Audio mit den Klangstäben und der aufgenommenen Stimme für die unterschiedlichen Rhythmen vorbereiten.

Schauen Sie sich Video 2-17 an, in dem die Figur nun mit einfachen Schritten getanzt wird. Danach können Sie die Figur im vier Teile unterteilt sehen.

B: Abbildungen mit Zählzeiten der Schritte

Fertigen sie eine Abbildung an, wie im Kapitel 15 – Choreographieplanung erklärt. Analysieren Sie die Schritte der Figur, die Sie unterrichten wollen in Bezug auf die Zählzeiten. Setzen Sie die Schuh-Symbole – für Männer und für Frauen – auf der Abbildung über die Zählzeiten, an denen die Schritte oder Verzierungen der Figur gemacht werden sollen. Hängen Sie die Abbildung an eine Stelle, an der sie für ihre Schüler während des Unterrichts gut sichtbar ist.

Die Abbildung für die Beispielfigur in doppelter Schritte sehen Sie im Folgenden:

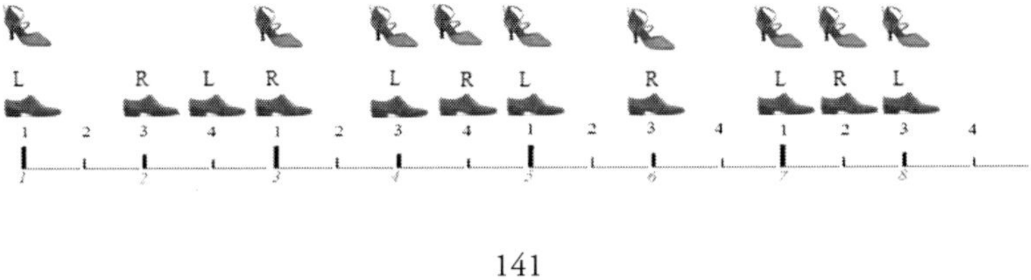

Die Abbildung für die Beispielfigur in einfacher Schritte sehen

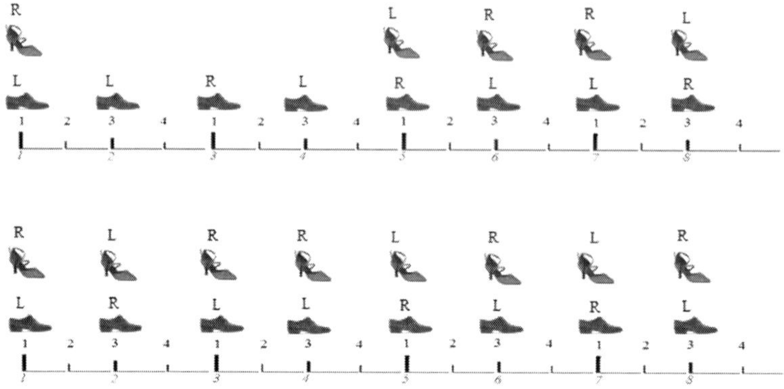

C: Aufnahme der Klangstäbe-Stimme zum Üben

Im Tangounterricht gibt es gewöhnlich eine erste Phase, in der die Figur langsam, Schritt für Schritt gelernt wird. Eine große Zahl von Lehrern verwendet in dieser ersten Phase keine rhythmische Referenz. Erst nachdem dieser Teil der Arbeit abgeschlossen ist, wird die Figur zur Musik getanzt. Für viele Tänzer ist das ein großer Sprung, der sie oft überfordert.

Es ist sehr hilfreich, die Figur von Anfang an mit einer rhythmischen Referenz zu unterrichten. Sie können eine Audioaufnahme herstellen, wo mit Hilfe der Klangstäbe die Stellen angezeigt werden, an denen die Schritte oder Verzierungen gesetzt werden sollen. Spielen Sie dazu doppelte, einfache oder halbe Schritte, und nehmen Sie eine Stimme auf, die die Zählzeiten spricht, wo die Schritte in dieser spezifischen Figur gesetzt werden, so wie es in der Abbildung für die Schüler gezeigt wird.

Sie können ebenso dieser Klangstäbe-Stimme mit dem Computer erzeugen, die sie im Repeat-Modus als Loop laufen lassen können, wie bereits in Kapitel 16 gezeigt. Auf diese Art und Weise kann die Gruppe von Anfang an gleichmäßig und immer im Rhythmus arbeiten. Auch während Sie ein einzelnes Paar korrigieren, kann der Rest der Klasse weiterarbeiten.

Dieses Audio mit Klangstäben und der Stimme unterscheidet sich vollständig von einem Metronom, das die Musiker benutzen. Unser Metronom markiert nicht jede Zählzeit gleich, sondern zeigt nur die Zählzeiten an, wo Schritte gesetzt werden und beinhaltet zusätzlich eine Stimme, die diese Markierungen mitspricht und anzeigt, welche der vier Zählzeiten benutzt wird, zum Beispiel :

„eins-drei-eins", „drei-vier-eins" und so weiter.

Um eine solche Audioaufnahme mit diesen beiden Elementen, Klangstäbe und Stimme, zu erzeugen, starten sie das Programm „Audacity" auf ihrem Computer und beginnen Sie eine neue Aufnahme, in dem Sie auf „Aufnahme" drücken.

Während Sie auf ihre Abbildung schauen, auf der die Zählzeiten der Figur mit den aufgeklebten Schuhen markiert sind, zählen sie ein Mal die vier Zählzeiten des Tango-Basisrhythmus als Hinweis auf den Anfang vor, und danach sprechen sie die Zählzeiten der Figur mit ihrer Stimme mit: „eins, drei, eins-zwei-drei" und so weiter, während Sie gleichzeitig mit den Klangstäben schlagen: Wenn Sie am Ende angekommen sind, warten sie zehn weitere Sekunden in Stille, bevor sie die Aufnahme beenden, indem sie die „Stop"-Taste drücken. Diese kurze Pause wird dann im Repeat-Modus die einzelnen Wiederholungen trennen.

Hören Sie sich Audio 1-17 mit der Klangstäbe-Stimme für die Beispiel-Figur für die verdoppelten Schritte an.

Hören Sie sich Audio 2-17 mit der Klangstäbe-Stimme für die Beispiel-Figur für die einfachen Schritte an.

D: Die Auswahl der Musik

D-1: Wenn Sie die Figur für den Unterricht gewählt haben, suchen Sie eine Musik, die diejenige Art von Rhythmus hat, die Sie benutzen wollen.

Für den ersten Teil der Arbeit wählen Sie ein Musikbeispiel, in dem der Rhythmus, mit dem Sie arbeiten wollen, relativ lange anhält. Lesen Sie dazu auch noch einmal Punkt 3.1 im „Kapitel 15: Unterrichtung der Tangomusik für Tänzer ohne musikalische Ausbildung" in dem einige Vorschläge gemacht werden, welche Orchester sich gut für welche Rhythmen eignen.

Hören Sie sich Audio 3-17 mit ausgewählter Musik für die Figur mit verdoppelten Schritten an.

Hören Sie sich jetzt Audio 4-17 mit ausgewählter Musik für die Figur mit einfachen Schritten an.

D-2: Wählen Sie ein weiteres Musikbeispiel, in dem die Art von Rhythmus, die Sie gewählt haben, nur eine Phrase lang auftaucht. Die Schüler sollen die Phrase wiedererkennen und die entsprechende Figur in diesem Teil der Musik verwenden. Als nächstes Niveau im Lernprozess sollte der Tänzer die Fähigkeit entwickelt haben, die Phrase mit dem Rhythmus, für welche die Figur geplant ist, zu erkennen und danach die Figur mit diesem bestimmten Rhythmus anzuwenden.

Diese Übung, die spezielle Phrase unter den anderen zu erkennen und dann die Figur genau dort zu tanzen, sollte erst gemacht werden, wenn die Schüler den Schritt bereits beherrschen, niemals früher.

D-3: Wenn Sie die Figur im Unterricht auch noch auf einen anderen Rhythmus-Typ anpassen wollen, wählen Sie weitere Musikbeispiele mit diesem anderen Rhythmus nach dem gleichen Schema: Zuerst ein Beispiel, in dem der entsprechende Rhythmus sehr lange auftaucht, und danach ein Beispiel, in dem der gesuchte Rhythmus mit anderen gemischt erscheint. Auf diese Weise können Sie mit ihren Schülern am Erkennen der entsprechenden Phrase arbeiten und dann die gelernte Figur anwenden.

🎧 Hören Sie Audio 5-17. Musikalische Phrasen für einfache Schritte wechseln sich mit Phrasen für verdoppelte Schritte ab. Je nachdem, an welchem Thema gerade gearbeitet wird – Verdoppelungen oder einfache Schritte – , sollte der Tänzer in der Lage sein, bei einem Wechsel die geübte Phrase wiederzuerkennen und die gelernte Figur hier zu benutzen. Die Phrase sind mit Klangstäben durchgängig markiert. Sie können das gleiche Beispiel ohne Klangstäbe für der nächsten Stunde vorbereiten.

Der Unterricht

1: Beginnen Sie mit dem Unterricht, indem Sie die Rhythmen wiederholen, die Sie für die zu lernende Figur benutzen wollen. Benutzen Sie dazu die „Am-Platz-Tanzen“-Übung, während Sie mit den Schülern die Abbildungen der entsprechenden Rhythmen anschauen (doppelt, einfach, halb, Synkope, usw.).

2: Machen Sie eine kurze Geh-Übung zu den Rhythmen, die Sie verwenden wollen.

3: Zeigen Sie ihren Schülern die Figur ein- oder zweimal gleichzeitig mit dem Audio, das die Klangstäbe-Stimme enthält.